BIBLIOTHEQUE DE CAMPAGNE,

OU

LES AMUSEMENS DU CŒUR ET DE L'ESPRIT.

TOME XIII.

A AMSTERDAM,

Et se trouve

A PARIS,

Chez la Veuve DUCHESNE, Libraire, rue S. Jacques, au Temple du Goût.

LA CONSTANCE COURONNÉE, OU LES ÉPOUX UNIS PAR L'AMOUR; HISTOIRE NOUVELLE.

Fausta quies nixum virtute coronat amorem. V.

PREMIERE PARTIE.

A LONDRES,
Et se trouve A PARIS,
Chez DUCHESNE, Libraire, rue S. Jacques, au-dessous de la Fontaine S. Benoît, au Temple du Goût

M. DCC. LXIV.

PRÉFACE.

IL ſemble qu'un Auteur ne puiſſe honnêtement ſe diſpenſer de rendre compte au Public, dans une Préface, du contenu de ſon Ouvrage; mais la mode eſt paſſée d'en lire. Le Lecteur s'effraye même, au ſeul mot de *Préface*. N'en ſoyons point ſurpris : maints Auteurs juſtifient cette averſion. En effet, quoi de plus révoltant que de voir un ſot & ſuffiſant Écrivain anticiper ſur les droits du Public, en y prononçant lui-même, d'un ton impérieux & déciſif, ſur ſon propre Ouvrage ? Quoi de plus inſupportable que de le voir employer pluſieurs pages d'écriture à s'y louer avec une préſomptueuſe oſtentation.

Sans donner dans ces deux excés, qui tournent également à la honte des Auteurs & à l'ennui des Lecteurs, je me borne à ce qui paroît interreſſer indiſpenſablement le Public.

Un Ami me remit, il y a quelques mois, avant que de mourir, un Manuſcrit, avec pouvoir d'en faire tel uſage que bon me ſembleroit : il m'aſſura qu'il ne contenoit rien qui ne fût appuyé ſur la plus exacte vérité ; qu'il avoit été témoin de la plus grande partie des faits, & qu'il tenoit les autres de gens ſi dignes de foi, qu'ils ne pouvoient être révoqués en doute. Je le lus,

& n'y ayant rien trouvé qui ne fût à l'avantage des mœurs, je n'hésite pas à le donner au Public, sans y faire d'autre changement, que de supprimer les noms de plusieurs personnes qui vivent encore. Je souhaite qu'il en soit accueilli favorablement. La vérité & la variété des aventures qu'il contient, semblent répondre de son suffrage, quoique le stile, sur-tout dans la premiere partie, n'ait pas toute la perfection qu'on pourroit desirer.

LA CONSTANCE *COURONNÉE,* OU LES ÉPOUX *UNIS PAR L'AMOUR.*

HISTOIRE NOUVELLE.

LE Comte de C... Seigneur riche & puiſſant, avoit une fort belle Terre dans la Province de..... il s'y plaiſoit, y paſſoit la plus grande partie du tems, & ne venoit à la Cour, que lorſque la néceſſité & la bienſéance l'exigeoient. Sa principale occupation étoit la chaſſe qu'il aimoit paſſionnément. Il y avoit dans les environs pluſieurs Gentils-hommes, qui contribuoient, autant qu'il leur étoit poſſible, l'amusement de ce Seigneur, que sa naissance & ses belles qualités faisoient généralement aimer & respecter. Comme ils remarquoient que la chasse étoit sa passion dominante, ils se faisoient un devoir de l'y accompagner. Ce Comte menoit dans cette Terre une vie extrêmement gracieuse. Tout sembloit contribuer à le rendre l'homme du monde le plus heureux. Il aimoit beaucoup la Comtesse son épouse, qui ressentoit pour lui une égale tendresse : il en avoit eu un fils qui étoit âgé de six ans, & qu'il faisoit élever à Paris, par les personnes les plus capables. Pour rendre encore son bonheur plus complet, & dédommager la Comtesse du déplaisir que lui causoit l'absence de son fils, le Ciel venoit d'accorder à leurs voeux une fille qu'elle faisoit élever sous ses yeux : mais il n'est point sur la terre de félicité parfaite. C'est au comble du bonheur que la cruelle Fortune nous attend : elle semble même ne nous y élever, que pour nous précipiter avec plus d'avantage. Plus elle nous rit, plus nous devons être en garde contr'elle, & nous défier de ses faveurs, qu'elle n'accorde ordinairement, que pour rendre ses revers plus sensibles. C'est ce que le Comte éprouva.

Obligé de ſe rendre à Paris pour quelques affaires qui demandoient indiſpenſablement ſa préſence, la Comteſſe ſon épouſe, pendant ſon abſence, n'avoit d'autre plaiſir que celui que lui cauſoit ſa fille, qui, dès ce bas âge, ſembloit promettre beaucoup. Auſſi, pour ne la point perdre de vue, elle ne ſortoit que très-rarement. Il ſembloit qu'elle eût quelque preſſentiment du malheur qui la menaçoit. Elle fut néanmoins obligée un jour d'aller rendre viſite à une Dame qui, nouvellement arrivée à la campagne, étoit venue lui rendre les devoirs que la politeſſe exige en pareilles circonſtances. Pendant qu'elle y étoit, une troupe de ces bandits qui infeſtent le Royaume après la paix, vint fondre ſur le Château pour le piller. Ils le trouverent preſque ſans défenſe : car, d'un côté, le Comte, que ſon rang obligeoit de figurer à Paris, avoit emmené la plus grande partie de ſes gens ; la Comteſſe en avoit auſſi pluſieurs avec elle ; de façon qu'il n'en reſtoit que deux ou trois qui prirent la fuite, à la vue de cette bande de ſcélérats. Ils y entrerent donc ſans réſiſtance, ſe mirent à fureter & à enlever tout ce qui leur tomboit ſous les mains.

Cependant, ces Valets qui s'étoient ſauvés, vinrent demander du ſecours au village qui n'étoit éloigné du Château que de quelques portées de fuſil. Les Payſans allarmés prennent les armes qu'ils trouvent, & s'empreſſent à chaſſer ces coquins que leur préſence fit déloger à la hâte, en entraînant avec eux la Nourrice qui ſerroit étroitement la petite fille de la Comteſſe entre ſes bras. Ils gagnerent auſſi-tôt le bois qui n'étoit pas éloigné, & ſe déroberent par ce moyen à la pourſuite des Villageois qui ne purent les atteindre. Les Domeſtiques du Comte, de retour au Château, le trouverent dans un état horrible. Ces malheureux avoient briſé tout ce qu'ils n'avoient pu emporter; mais ce qui leur fit plus de peine, c'eſt qu'ils n'y virent plus la petite fille ni ſa Nourrice. Ils ne pouvoient comprendre pourquoi ces ſcélérats les avoient enlevées, & ne ſçavoient comment s'y prendre pour annoncer cette triſte nouvelle à la Comteſſe, dont la tendreſſe pour ſa fille leur étoit connue.

Comme ils étoient dans cette perplexité, cette Dame, déja avertie de ce malheur, arriva. Quoique frappée de la plus vive douleur dont une tendre mere puiſſe être déchirée, elle ne perd pas le tems à de vaines lamentations : elle écrit à l'Intendant de la Province, l'informe de cet accident, & le prie de faire poursuivre ces brigands, afin de lui faire recouvrer sa fille. Elle lui fit porter sa lettre par un de ses gens, avec ordre de faire diligence. Elle en écrivit ensuite une autre à son époux, où elle lui fit le détail de cette terrible catastrophe. Le Domestique arriva au milieu de la nuit chez l'Intendant qui, au vu de la lettre, donna les ordres nécessaires pour satisfaire la Comtesse, étant bien aise, par sa promptitude, de faire sa cour au Comte dont le crédit pouvoit lui être avantageux. Plusieurs brigades de Maréchaussée attroupées rencontrerent ces scélérats qui montoient sur une chaloupe qui les attendoit : ils n'en purent attraper qu'un seul, qui, s'étant arrêté pour quelques besoins, ne put gagner la chaloupe que ses camarades éloignerent avec vitesse du rivage, à la vue de ces brigades. Les Cavaliers ne purent même tirer sur eux. Ils se contenterent donc de garrotter ce misérable, & de l'emmener à l'Intendant qui l'interrogea. Il ne voulut d'abord rien avouer ; mais quand on eut exposé à ses yeux les instrumens de la torture, il confessa ce qui suit.

» Mes camarades & moi ayant été ré-
» formés, & ne ſçachant aucune profeſ-
» ſion pour nous procurer du pain, nous
» avons été obligés de faire le métier de
» voleurs. Dernierement, étant tombés
» dans un Château peu diſtant de la mer,
» nous y fûmes ſecondés par une troupe de
» pirates Turcs, qui y vinrent fondre dans
» le même moment. Nous fimes connoiſ-
» ſance avec le Chef de ces écumeurs, qui
» nous dit que l'or & les autres choſes pré-
» cieuſes n'étoient point le principal objet
» de ſes recherches & de ſes deſcentes; que
» ce qu'il deſiroit le plus, étoit de trouver
» de jeunes enfans, & ſur-tout des filles,
» parce qu'il les faiſoit élever avec ſoin,
» pour en faire préſent aux Viſirs, aux
» Bachas, & aux principaux Seigneurs de
» l'Empire, qui, au moyen de cela, lui
» accordoient leur protection, & lui four-
» niſſoient les priviléges néceſſaires pour
» faire ſon métier avec ſûreté. Il ajouta
» que, ſi, dans nos courſes, nous pouvions
» en enlever & les lui apporter, il nous
» les payeroit bien. Sa propoſition étoit
» trop avantageuſe pour n'être pas accep-
» tée. Nous convinmes donc qu'il tien-
» droit derriere un rocher, près de la
» côte, une chaloupe; que, quand nous

» aurions fait quelque prise, nous nous
» rendrions sur le rivage, & qu'à certain
» signal, le Rameur viendroit nous rece-
» voir dans sa chaloupe, pour conduire
» notre proye à son bord, & en recevoir
» le paiement. C'est là le motif qui nous
» a portés à enlever la fille du Comte de
» C.... elle est à présent à bord du vaisseau
» du Corsaire, qui ne s'éloigne gueres de
» la rade, parce qu'il sçait que dans le port
» de.... il n'y a point de vaisseau en état de
» lui donner la chasse.

L'Intendant écrivit à la Comtesse ce qu'il avoit fait, & ce qu'il avoit appris par la déposition du criminel : il donna sa lettre au Domestique qui vint promptement la remettre à sa Maitresse. Ce fut justement au moment que le Comte qui étoit parti de Paris en poste, au reçu de la lettre de sa chere épouse, arrivoit. Cette triste lettre lui ôtant le foible espoir qui lui restoit de recouvrer sa fille, il s'abandonna tout entier à sa douleur. Il étoit insensible à l'état affreux où le Château étoit réduit. Il auroit souhaité de tout son cœur que ces scélérats lui eussent enlevé la moitié de son bien, & qu'ils lui eussent laissé sa chere enfant. Enfin, il étoit dans un état qui ne pouvoit être comparé qu'à celui de la Comtesse, qui, de son côté, voyoit avec la douleur la plus amere & la plus sensible, que, malgré la diligence de ses démarches, elle n'avoit pu empêcher cette pauvre petite innocente de tomber entre les mains d'un Corsaire Turc, qui l'éleveroit dans la Religion Mahométane, & qui la destineroit à la servitude & à l'infamie d'un Sérail. Toutes ces réflexions augmentoient sa tristesse, & son désespoir la portoit à souhaiter à sa fille la mort, à la vérité, mille fois préférable à l'état ignominieux auquel elle sembloit ne pouvoir échapper.

Les gens du Comte, dans un profond silence, témoignoient bien par la consternation qui paroissoit sur leurs visages, l'attachement qu'ils avoient pour leurs Maîtres, attachement rare aujourd'hui, & qui est cependant la marque sûre à laquelle seule se reconnoissent les bons Maîtres, dont il fait l'éloge. Les Gentils-hommes voisins, & les Seigneurs des environs, informés du malheur arrivé au Comte, accoururent pour le consoler. Les Dames firent le même office auprès de la Comtesse; mais leurs soins furent sans effet. La playe étoit trop vive & trop récente; le tems seul pouvoit la fermer & apporter quelque modération à une douleur si juste. Quand le Comte fut un peu plus tranquille, il donna ses ordres pour réparer le dégât que ces malheureux avoient fait; & afin de dissiper le fond de chagrin & de mélancolie qui lui restoit, il reprit avec ardeur l'exercice de la chasse. Ces Gentils-hommes qui ne le quittoient presque pas, voyant avec satisfaction que ce plaisir calmoit de plus en plus son esprit, s'efforçoient de l'y engager le plus souvent & le plus long-tems qu'il leur étoit possible. Ils lui firent même la proposition d'aller chasser le sanglier dans la forêt de.... située à l'extrémité de la Province, & distante de sa Terre de quinze lieues. Le Comte accepta la partie, & donna ses ordres pour préparer tout ce qui étoit nécessaire, afin de passer commodément le tems de cette chasse qui devoit durer plusieurs jours. Celui qu'on avoit fixé pour le départ étant arrivé, on se mit en route avec la gaieté qu'ont ordinairement des personnes qui se promettent bien du plaisir. Les commencemens de cette chasse réussirent à merveille. Un tems pur & serein favorisoit nos Chasseurs, & les Gentils-hommes se félicitoient d'avoir projetté une partie qui devoit si fort contribuer à effacer entierement de l'esprit du Comte l'idée de son malheur.

L'après midi du troisieme jour de la chasse, ce Seigneur s'attacha avec tant d'ardeur à la poursuite d'un sanglier, que, sans s'en appercevoir, il se trouva entierement séparé du gros des Chasseurs. L'espérance de tuer sa proye l'empêcha de revenir sur ses pas. Il la suivit donc à la piste jusqu'à une montagne fort escarpée. Il n'y fut pas plûtôt arrivé, qu'un nuage épais & noir obscurcit l'air ; le soleil parut s'éclipser ; on ne vit plus d'autre lumiere que celle d'une infinité d'éclairs dont la vivacité redoubloit l'horreur des ténebres. Les plus violens coups de tonnerre redoublés à chaque instant, & répétés mille & mille fois dans les antres & les cavernes de cette montagne, faisoient un bruit horrible & capable d'imprimer la terreur dans les ames les plus intrépides. Ces préludes effrayans furent suivis d'une pluie abondante mêlée de grêle, qui dura pendant la plus grande partie de la nuit, qui fut extrêmement obscure.

Quoique le Comte ne fût pas naturellement timide, une telle situation ne laissa pas de l'allarmer. Il se voyoit seul, la nuit, dans un lieu inhabité & inconnu, éloigné de ſes gens, dans la plus noire obſcurité, ſans ſçavoir quelle route tenir pour ſe dégager d'un ſi mauvais pas, à la merci des bêtes féroces dont les rugiſſemens faiſoient frémir, expoſé à être écraſé par la foudre, & dans le péril de tomber dans quelque précipice, s'il tentoit de ſortir d'un lieu ſi dangereux. La violence de la pluie l'obligea cependant à deſcendre de cheval, & à chercher à tâtons un arbre ſous lequel il ſe mit à l'abri. Cet arbre ne le garantit pas long-tems; car comme la pluie continuoit à tomber avec une force prodigieuſe, toutes les feuilles en furent bien-tôt imbibées, & l'eau coula le long des branches, qui devinrent autant de gouttieres qui mouillerent juſqu'aux os ce triſte Seigneur. Il n'y put réſiſter, & réſolut de chercher, à quelque prix que ce fût, un rocher ſous lequel il pût ſe mettre à couvert. Il marcha donc au hazard; mais à peine eut-il fait quelques pas, qu'il découvrit une foible lumiere qui n'étoit pas beaucoup éloignée, & qui lui parut ſortir d'une maiſon. Un Nautonnier qui découvre le port, au fort d'une tempête pendant laquelle la mort ſe préſente mille fois à ſes yeux, ne reſſent pas une joie plus vive que le fut celle du Comte à la vue de cette lumiere. Il y dirigea le mieux qu'il put ſes pas, & y arriva heureuſement en peu de tems.

C'étoit une caſſine habitée par un pauvre Charbonnier & ſa femme. Le Comte y étant entré, leur raconta en peu de mots ſa triſte aventure, & les pria de lui allumer promptement un bon feu. Ces bonnes gens voyant, aux marques de diſtinction dont il étoit décoré, que c'étoit un homme de grande conſidération, s'empreſſerent à lui donner tous les ſoulagemens que leur pauvreté leur permettoit de lui offrir ; & après qu'il fut bien réchauffé & ſeché, ils lui ſervirent un frugal repas d'œufs, de fromage & de fruits, dont le Comte mangea peu. Ce Seigneur étant remis de ſa fatigue, leur témoigna combien il étoit touché de la maniere obligeante dont ils lui avoient rendu ſervice. Il leur promit de les en récompenſer d'une façon dont ils auroient lieu d'être contens, & les pria d'accepter quelques louis d'or qu'il leur offrit comme un eſſai de ſa reconnoiſſance. Ces bonnes gens firent quelques difficultés de les recevoir, en l'aſſurant qu'ils n'avoient eu aucune vue d'intérêt dans ce qu'ils avoient fait pour lui, & qu'ils étoient bien mortifiés de ce que leur pauvreté les avoit empêchés de faire mieux. Mais le Comte les pressant, ils furent obligés de les recevoir. Ce Seigneur remarquant dans le Charbonnier des manieres, de la politesse, & une façon de s'exprimer au-dessus de son état, lui en témoigna son étonnement, lui dit qu'il ne croyoit pas qu'il fût né pour faire du charbon, & le pria de lui confier ce qui en étoit. Le Charbonnier s'en défendit modestement. Sa résistance augmenta la curiosité du Comte, qui le pressa si vivement, que ce bon homme se rendit à ses desirs, & lui raconta ce qui suit :

Oui, Monseigneur, lui dit-il, quoique vous me voyez dans un état si vil & si bas, j'étois cependant né pour un genre de vie un peu plus commode. Mon pere, qui se nommoit Duparc, étoit Marchand à Rouen, & passoit pour être assez bien dans ses affaires. Je perdis de bonne heure ma mere, qui avoit pour moi beaucoup de tendresse. Mon pere, me donna une certaine éducation, parce qu'il me destinoit au Barreau ; mais malheureusement, je ne sçus pas profiter de sa bonne volonté. Je sortis à quatorze ans du Collége où il m'avoit mis, & m'engageai dans un Régiment de Hussards, préférablement à tout autre Corps, parce que la licence avec laquelle ces Troupes vivent, favorisoit davantage mon penchant au libertinage. Je ne vous détaillerai pas les différentes aventures qui me sont arrivées dans ce Corps, parce qu'elles sont à ma confusion, & qu'elles ne feroient que renouveller la douleur que j'en ai, sans vous amuser. Je ne vous ferai pas non plus le récit des opérations des deux campagnes pendant lesquelles j'ai servi; vous les sçavez mieux que moi, Monseigneur, & je ne ferois que vous ennuyer. Tout l'avantage que j'ai retiré du service a été d'y apprendre à être un libertin en titre d'office. Comme je me trouvois las de ce genre de vie dans lequel je souffrois d'autant plus, que mon pere ne me fournissoit aucuns soulagemens, je formai, au bout de trois ans, la résolution d'en sortir. Je demandai un congé de semestre qui me fut accordé. Je revins chez mon pere qui refusa d'abord de me recevoir : mais ayant prié quelques parens de vouloir faire ma paix, il me reçut à leur sollicitation. Je lui fis bien-tôt connoître le dessein où j'étois de me retirer du service, & que j'espérois qu'il auroit la bonté de me dégager. Cette proposition le mit si fort en colere, qu'il voulut me frapper, & il jura que jamais il ne donneroit un sou pour mon congé. Je lui protestai que je ne retournerois pas au Régiment; que, s'il m'y faisoit reconduire de force, je déserterois à la premiere occasion, & qu'il seroit cause de ma perte. Je sortis ensuite de chez lui, & j'allai trouver un de mes oncles, frere de feu ma mere : je lui ouvris mon cœur. Il fut sensible à ma peine, blâma la dureté de mon pere, & me dit qu'il alloit lui parler, & que j'attendisse chez lui son retour. Il y fut, tâcha de lui faire entendre raison; &, voyant que l'argent qu'on demanderoit pour mon congé étoit ce qui lui tenoit le plus au cœur, il s'offrit généreusement à en payer la moitié. Mon pere accepta la proposition, en écrivit à mon Capitaine, & l'affaire fut bien-tôt terminée. De mon côté, je leur promis tout ce qu'ils voulurent. On me mit en conséquence chez un Maître, pour y apprendre tout ce qui est nécessaire à un jeune homme qu'on destine au Commerce; car la caravane que j'avois faite avoit dérangé les premieres vues de mon pere.

Il y avoit dans le voisinage de mon

Maître une femme veuve dont la fille, qui s'appelloit Tonton, étoit fort jolie. Elle étoit à peu près de mon âge. J'en devins amoureux à la folie : j'osai lui déclarer mes sentimens ; je ne lui déplus pas, & en peu de tems, je poussai si bien ma pointe auprès d'elle, que j'obtins d'être introduit la nuit dans sa chambre. Sa mere m'y surprit, m'accabla d'injures, & voulut maltraiter sa fille ; mais je l'en empêchai. Quand son premier feu fut passé, je sortis de chez elle, bien inquiet des suites que pourroit avoir cette aventure.

Dès le lendemain, cette mere irritée, quoique très-mal à son aise, mit sa fille pensionnaire dans un Couvent, & pria la Supérieure de ne lui laisser recevoir d'autres visites que celles de ses parens. Elle alla ensuite porter ses plaintes à mon pere qui promit de me punir très-séverement. En effet, il m'envoya dire sur le soir de venir lui parler. J'avois un frere plus jeune que moi de quelques années, & qui payoit d'un juste retour l'amitié que j'avois pour lui. Ce fut lui qu'il chargea de ce message. Il m'avertit donc qu'il appréhendoit que mon pere ne me maltraitât, parce qu'il étoit venu, dans la matinée, une Dame qui s'étoit plaint de moi avec beaucoup de vivacité, & qu'il lui paroissoit fort courroucé. Néanmoins, comme je connoissois le penchant que mon pere avoit eu à la galanterie, & que je sçavois qu'il lui étoit arrivé dans sa jeunesse quelques aventures de ce genre, je croyois qu'il ne prendroit pas la chose trop sérieusement, & qu'il se contenteroit de me réprimander pour la forme. J'y allai donc; mais quelle fut ma surprise, en arrivant, de me voir arrêter par des Cavaliers de Maréchaussée qui, sans me donner le tems de parler à personne, quelques instances que je leur en fisse, m'entraînerent avec violence, & me conduisirent, pieds & mains liés, dans une maison de force à l'extrémité du fauxbourg S. Sévere. Mon frere qui m'y venoit voir toutes les semaines, à l'insçu de mon pere, paroissoit prendre beaucoup de part à mon triste sort. Le voyant si sensible à mon malheur, je profitai des offres de service qu'il me fit, pour avoir des nouvelles de ma chere Tonton dont j'étois inquiet, & pour lui donner des miennes. Les circonstances rendoient la chose difficile; mais comme il étoit ami d'un des cousins germains de cette aimable fille, qui, par conséquent, avoit la permission de la voir à la grille, mon ſrere pouvoit me le rendre favorable, & lui remettre mes lettres que celui-là rendroit à ſa Couſine qui lui confieroit ſes réponſes. Cette réflexion me conſola. Mon frere, en effet, m'en apporta réguliérement par ce moyen. Nos lettres étoient remplies de proteſtations du plus parfait amour & d'aſſurances de nous aimer éternellement. Quelqu'adouciſſement que ce tendre commerce apportât à mes peines, je me laſſai bien-tôt de mener une vie ſi triſte. Je réſolus donc de ſonder mon frere, afin de ſçavoir ſi ſon amitié pour moi étoit aſſez forte pour l'engager à me procurer la liberté, au hazard d'encourir l'indignation de mon pere. A la premiere ouverture que je lui en fis, je le trouvai ſi bien diſpoſé & ſi ardent à me ſervir en tout ce qui ſeroit en ſon pouvoir, que je n'eus pas beſoin de le preſſer. Je lui communiquai pluſieurs projets de liberté que j'avois formés : il en goûta un, & nous convinmes ſur l'heure des moyens de l'exécuter, ce qui nous étoit d'autant plus facile, qu'il paſſoit des heures entieres au Parloir avec moi ſans témoins. Il ne m'eſt gueres poſſible de vous exprimer quelle étoit ma joye. Enyvré du doux eſpoir d'une liberté prochaine & aſſurée, j'en goûtoit par

par avance les douceurs. Il faut avoir porté des chaînes pour avoir une juste idée de la vivacité des plaisirs que l'espérance d'être libre procure. La mienne étoit bien fondée, mon projet étoit sûr, ma chambre donnoit sur un jardin dont les murs n'avoient pas plus de sept pieds de haut; il ne s'agissoit que de scier un barreau; c'est ce que je fis dans le jour, pour n'être point entendu; & à une heure de la nuit que j'avois indiquée à mon frere, je me coulai avec une corde dans le jardin dont je franchis sans peine les murs. Mon frere m'attendoit avec impatience; il m'embrassa avec transport, & me conduisit dans un quartier très-éloigné, chez une vieille femme qui me reçut bien, & me donna une petite chambre assez proprement meublée. Ce cher frere m'assura que j'y serois en sûreté, jusqu'à ce qu'il eût pris des mesures pour me réconcilier avec mon pere. Je le remerciai dans les termes les plus vifs, puis il se retira promptement, afin qu'on ne s'apperçût pas de son absence, & que, quand mon pere apprendroit mon évasion, il ne pût le soupçonner de l'avoir favorisée.

Cependant les Freres de S. Yon s'étant apperçus, dès le grand matin, que j'étois ſauvé, vinrent ſur le champ en informer mon pere. Il fit tout au monde pour découvrir où je m'étois caché ; mais ſes perquiſitions furent inutiles. Comme il ſçavoit l'amitié que mon frere me portoit, il le ſoupçonna d'être d'intelligence avec moi. Il lui fit beaucoup de queſtions ſur mon compte : mon frere ne lui fit rien connoître. Néanmoins, craignant que mon pere n'obſervât ſes démarches, il paſſa pluſieurs jours ſans me venir voir, pour ne point déceler ma retraite : il ſe contenta de ſe rendre dans un lieu qu'il avoit indiqué à cette vieille femme, où il lui remit une lettre dans laquelle il m'inſtruiſoit de tout ce qui s'étoit paſſé au ſujet de mon évaſion. Pour tromper davantage l'eſpion, il convint avec elle d'un autre rendez-vous où il iroit prendre ma réponſe. Pendant douze jours, mon frere uſa des mêmes précautions. Tous les deux jours, je recevois de ſes nouvelles & de celles de ma Tonton, & le lendemain, je lui envoyois ma réponſe dans laquelle j'en enfermois auſſi une pour cette aimable perſonne. Mon frere, toujours empreſſé à m'obliger, faiſoit les derniers efforts pour obtenir ma grace de mon pere; il ſollicitoit tous mes parens de joindre leurs instances aux siennes. Ils s'y porterent avec ardeur ; mais mon pere resta toujours inflexible. Il leur dit même qu'il étoit si irrité de ma mauvaise conduite, que, s'il pouvoit jamais découvrir où j'étois, il me feroit enfermer pour toute ma vie dans un lieu d'où je ne m'évaderois pas. Il ajouta qu'il les prioit de ne lui plus parler de moi, parce que cela ne lui faisoit pas plaisir.

Mon frere voyant qu'il n'y avoit pas moyen de fléchir mon pere, vint enfin me voir avec bien des précautions. Mon cher frere, me dit-il en m'embrassant, je viens vous apporter de bien mauvaises nouvelles : je n'ai pu appaiser la colere de mon pere, & malgré l'ardeur avec laquelle je desire vous voir & passer avec vous toute ma vie, il faut que je me résolve à vous quitter ; il faut même que je vous presse de sortir du Royaume au plus vîte ; car je tremble à tout moment qu'on ne vous découvre, & que je n'aye la douleur de vous voir enséveli tout vivant entre quatre murailles. Ah! mon cher frere, lui répondis-je ; je sens comme vous combien il m'importe de m'expatrier : mais je ne puis me résoudre à me séparer d'un frere que j'aime tant, & d'une Maitresse qui est la ſeule choſe au monde que j'aime plus que lui. Ecoutez un projet que j'ai formé depuis quelques jours. Réfléchiſſant ſur la dureté de mon pere, je m'attendois bien que vos ſoins généreux ne pourroient point amollir ſon cœur; qu'il falloit m'éloigner & me retirer dans un lieu où je n'euſſe rien à craindre de ſon reſſentiment. Ne pouvant me déterminer à vivre ſans vous & ſans ma Maitreſſe, j'ai réſolu de vous engager tous les deux à m'accompagner en Angleterre. Les ſentimens que vous avez l'un & l'autre pour moi me firent eſperer que vous pourriez y conſentir. Il n'y avoit plus qu'une choſe qui m'embarraſſoit : c'étoit de trouver des reſſources pour y ſubſiſter. Mon embarras ceſſa, quand je conſidérai que mon pere eſt en argent comptant, que vous avez ſa confiance, & que vous pouvez aiſément lui enlever vingt mille écus. Je me propoſois, quand nous ſerions à Londres, d'économiſer cette ſomme, & même de l'augmenter, en nous intéreſſant dans quelque ſociété de Marchands. Il ne me reſtoit plus qu'une difficulté, c'étoit de faire le trajet ſecrettement & promptement, afin de n'être pas arrêtés. Je me rappellai heureuſement que vous aviez ſauvé la vie à un Maître de barque Dieppois, qui, ayant exceſſivement bu, étoit tombé dans la mer, & s'y ſeroit noyé ſans vous. Je me perſuadai facilement que cet homme, en reconnoiſſance de ce ſervice, ne refuſeroit pas de nous tranſporter au premier port d'Angleterre, ſurtout lorſqu'on lui offriroit une bonne récompenſe. J'imaginai auſſi qu'afin que ce Matelot, dans la crainte de ſe faire de mauvaiſes affaires, ne s'excusât pas de nous y paſſer; vous lui diriez que je n'ai point d'autre raiſon qui m'oblige à ſortir de France, que la crainte d'être enfermé par mon pere à qui j'ai joué quelque tour d'eſpieglerie. Nous ferions traveſtir ma Maitreſſe, elle paſſeroit pour notre frere, & nous perſuaderions à cet homme que nous ſommes ſi unis, que nous ne voulons pas nous ſéparer. Qu'en penſez-vous, mon cher frere? N'ai-je point trop préſumé de votre amitié? Mon frere reſta un moment ſans me répondre. Il réfléchiſſoit profondément: je n'oſois le preſſer de parler, dans la crainte où j'étois d'entendre, par ſon refus, l'arrêt de ma condamnation. Après un moment de ſilence, mon frere, comme un homme qui ſe réveille en ſurſaut, s'écrie: Oui, mon cher frere, le ſort en eſt jetté, je ne vous quitterai pas; je vous ſuivrai juſqu'au bout du Monde, s'il le faut; j'accomplirai votre projet de point en point, & ſi votre Maitreſſe ſe prête à vos deſirs, dans peu, vous n'aurez plus rien à craindre de la part de mon pere. Ecrivez-lui donc ſans différer, & tâchez de la perſuader. Je ſautai au cou de mon frere, & je l'embraſſai avec toute la joie & la reconnoiſſance qu'un tel ſervice peut inſpirer. J'écrivis enſuite à ma Maitreſſe en ces termes.

Il faut, ma chere Tonton, que je vous perde pour toujours, en m'expatriant, ou en me voyant enfermé entre quatre murailles pour toute ma vie. Hélas! pourra-t-elle être longue, quand je n'aurai plus d'eſpérance de vous être uni? Si vous êtes bien perſuadée de la vivacité de mon amour pour vous, il vous eſt poſſible de vous figurer la grandeur de mon déſeſpoir. Il eſt tel, qu'il ſuffiroit pour terminer ma vie malheureuſe, ſi l'aſſurance d'être aimé de vous ne me ſoutenoit. Oui, chere Tonton, cette aſſurance me fortifie contre tous les aſſauts du Deſtin, puiſqu'elle m'offre un remede à tous mes maux. Si vous m'aimez, je ne vous perdrai point, & vous conſentirez à me ſuivre: vous pouvez le faire ſans crainte. J'ai pourvu à tout ce qui eſt néceſſaire pour nous faire paſſer à Londres une vie commode & heureuſe. Vingt mille écus mis à intérêt nous en fourniront les moyens : mon frere qui nous accompagnera, ſçait où prendre cette ſomme : c'eſt lui qui ſe charge de la sûreté du paſſage en Angleterre. Son amitié lui fait tout ſacrifier pour moi : l'amour ſeroit-il moins fort dans votre cœur ? N'alleguez pas les excuſes que la raiſon peut vous fournir : quand on aime bien, on ne raiſonne pas. Votre réponſe décidera de mon ſort. Penſez, ma chere, en la faiſant, que vous prononcerez l'arrêt de la vie ou de la mort du plus tendre & du plus conſtant de tous les Amans.

Mon frere ſe chargea de cette lettre. Tonton, après l'avoir lue, fut long-tems incertaine du parti qu'elle devoit prendre. D'un côté, ſon amour pour moi lui conſeilloit de conſentir à la propoſition que je lui faiſois de m'accompagner en Angleterre ; d'un autre côté, ſa timidité lui faiſoit enviſager les dangers d'une telle démarche. Elle craignoit que nos meſures ne fuſſent point aſſez sûres & aſſez ſecrettes pour que nous ne fuſſions pas découverts ; elle enviſageoit d'ailleurs le triſte état où elle ſeroit réduite dans un pays étranger, ſi, par une inconſtance aſſez ordinaire aux jeunes gens, je venois à me dégoûter d'elle & à l'abandonner. Ces réflexions combattoient l'inclination qu'elle se sentoit naturellement à me suivre. Elle étoit même prête à me répondre que, quelque forte que fût sa passion pour moi, elle ne pouvoit prendre un parti qui, de quelque maniere que les choses tournassent, ne pouvoit manquer de la rendre la personne du monde la plus malheureuse : mais quand elle vint à considérer que j'étois absolument obligé de m'éloigner pour me dérober à la fureur de mon pere, qu'elle seroit toujours privée du plaisir de me voir ; quand elle fit attention au désespoir affreux où son refus alloit me plonger, l'amour plus fort triompha de toutes les objections que la raison & sa timidité naturelle lui suggéroient, &, n'écoutant que les mouvemens de son cœur, elle me fit cette réponse.

Je sens, mon cher Duparc, tous les périls où je m'expose en acceptant le parti que vous me proposez. Mon devoir, ma raison, & la timidité naturelle à mon sexe s'y opposent fortement ; mais quand je pense à la nécessité indispensable où vous êtes de sortir du Royaume, quand je me représente que je serai privée pour toujours du plaisir de vous voir, tous ces motifs disparoissent, & l'amour seul se fait entendre dans mon cœur. Oui, cher Duparc, quoi qu'il puisse m'arriver, je vous accompagnerai. Quelqu'affreux que puisse devenir mon sort dans la suite, il me paroîtra toujours plus supportable que le supplice de vivre sans vous. Votre amour me tiendra lieu de tout. Si vous m'aimez toujours, je serai trop heureuse : si vous cessez de m'aimer, la mort me délivrera d'une vie qui me seroit à charge, lorsque je serois privée de la possession de votre cœur : mais votre constance me garantit que je n'éprouverai jamais un malheur si désespérant. Prenez donc, cher Duparc, les plus sages précautions pour exécuter heureusement votre projet ; instruisez-moi exactement de tout ce qu'il faudra que je fasse pour vous seconder ; ma promptitude & ma fidelité à m'y conformer vous prouveront mieux que mes protestations l'ardeur de l'amour de votre chere Tonton.

Plus content, à la lecture de cette lettre, que si on m'eût donné tous les trésors du monde, je la communiquai à mon frere qui partagea avec moi le plaisir qu'elle me causoit, & me dit qu'il alloit sur le champ demander à mon pere la permission d'aller passer quelques jours à Dieppe, chez un de ses amis qui l'avoit invité à l'aller voir ; qu'il gagneroit le Maître de barque dont je lui avois parlé ; qu'il conviendroit avec lui du jour & de l'heure à laquelle il devoit se tenir prêt, & qu'il reviendroit promptement m'instruire de ce qu'il auroit fait, afin que je pusse avertir ma chere Tonton de la conduite qu'elle devoit tenir de son côté.

Mon frere alla sur le champ exécuter ce qu'il venoit de me dire, & partit pour Dieppe. J'attendis son retour avec l'impatience d'un homme qui craint à chaque instant de se voir privé pour toujours de la liberté & de l'objet de son amour. Je le vis revenir sur la fin du troisieme jour : il avoit parfaitement réussi. Le Maître de barque s'étoit prêté de bonne grace à ses desirs, autant par reconnoissance du service que mon frere lui avoit rendu, que par l'espoir d'une forte récompense dont il lui avoit déja donné des arrhes. Transporté de joie, j'écrivis aussi-tôt à Tonton en ces termes.

Enfin, chere Tonton, nous allons être bien-tôt réunis pour ne nous jamais quitter. Mon frere a préparé tout ce qui nous est nécessaire pour nous éloigner avec sûreté d'un Pays qui nous a été si funeste. La barque nous attend déja ; votre cousin vous remet-

tra aujourd'hui, avec ma lettre, une cassette dans laquelle vous trouverez des habits d'homme, dont vous vous revétirez demain au soir, & vous vous trouverez en cet équipage à onze heures, dans le jardin du Couvent, près le mur qui donne sur la rue. Mon frere & moi nous vous jetterons une échelle de corde, au moyen de laquelle vous pourrez facilement l'escalader. Dehors la porte de la Ville, que vous sçavez être à deux pas de-là, nous monterons dans une chaise de poste qui nous y attendra : en quatre heures nous serons à Dieppe, & avant que le jour paroisse, nous aurons perdu de vue les côtes de France. Ne craignez pas, chere Tonton, de vous confier à un homme qui vous aime plus qu'on n'a jamais aimé, & qui cessera plutôt de vivre que de vous manquer de respect & de fidélité.

Mon frere, pendant le reste du jour & le suivant, travailla sans relâche à arranger toutes choses, de façon qu'il ne manquât pas son coup. Sur les dix heures du soir, voyant mon pere endormi, il enleva une petite caisse pleine d'or, sortit doucement de la maison ; vint me trouver, & m'abordant d'un air gai & content ; allons, me dit-il, allons, mon cher frere, l'heure approche ; tout va bien : j'ai l'argent, & dans une demi-heure, nous ſerons en route, la chaiſe nous attend. Je l'embraſſai, & nous nous rendîmes au pied du mur du Couvent : nous fîmes le ſignal dont nous étions convenus; Tonton, qui s'y étoit déja rendue, nous répondit. Nous jettâmes l'échelle de corde, elle y monta, & j'eus la ſatisfaction de la voir un moment après entre mes bras. Mais, hélàs ! que cette ſatisfaction dura peu ! A cet endroit, mille ſanglots interrompirent la narration du Charbonnier. Il ne put même s'empêcher de verſer des larmes. Le Comte en fut attendri. Il le conſola; lui dit qu'il prenoit beaucoup de part à ſa ſituation, & qu'il vouloit lui procurer un ſort plus heureux. Le Charbonnier remercia ce Seigneur de ſa générôſité, & s'étant remis de ſon trouble, continua ainſi ſon diſcours :

A peine ma chere Tonton fut-elle dans mes bras, que nous nous vîmes attaqués par une troupe de ces Gardes de nuit, qu'on appelle à Rouen la Cinquantaine. Ils avoient vu ma Maitreſſe, traveſtie en homme, eſcalader le mur du Couvent, & s'imaginant que nous étions des voleurs, ils fondirent ſur nous pour nous arrêter. Mon frere & moi mîmes l'épée à la main pour les repousser : nous en tuâmes deux & en blessâmes trois. Ces malheureux, furieux de la mort de leurs camarades, firent feu sur nous. J'eus la douleur de voir tomber ma Maitresse & mon frere à mes pieds, sans qu'il leur restât le moindre signe de vie. Dans mon désespoir j'allois me percer moi-même, quand ces Gardes, voyant mon dessein, le prévinrent. Ils se jetterent sur moi, & me traînerent, pieds & mains liés, dans un obscur cachot.

Je ne puis, Monseigneur, vous exprimer dans quel horrible état je me trouvai réduit, lors que je réfléchis de sang froid à toutes les circonstances de cette tragique aventure. La mort de ma Maitresse & de mon frere, étoit pour moi un supplice insupportable. Quoique j'en fusse la cause innocente, je me la reprochois comme si j'en eusse été réellement coupable. C'est par mon imprudence, me disois-je à moi-même, que deux personnes qui m'étoient si cheres, ont perdu la vie. Que mon amitié & mon amour leur ont été funestes! Comment puis-je leur survivre après qu'ils se sont sacrifiés pour moi? Dans cette affreuse situation, j'aurois voulu pouvoir les suivre ; mais on m'avoit ôté tous les moyens d'attenter sur moi-même : j'avois, outre cela, une inquiétude mortelle ſur les ſuites de cette affaire. Les circonſtances en étoient ſi graves, que j'avois tout lieu de craindre qu'elles ne me conduiſiſſent à une mort ignominieuſe. J'étois arrêté en enlevant une jeune Demoiſelle d'un Couvent; j'avois tué deux hommes ; j'étois cauſe de la mort de mon frere & de ma Maitreſſe. Il eſt vrai que mon pere avoit des amis qui arrêteroient les procédures ; mais je retomberois dans ſes mains, & je ne devois m'attendre qu'à mener une vie plus triſte que la mort même. Je paſſai le reſte de la nuit & une partie de la matinée abîmé dans ces réflexions déſeſpérantes. On vint ſur les onze heures me tirer de mon cachot, pour me conduire dans la Chambre de l'interrogation. Je fus un peu conſolé, quand je vis que le Conſeiller qui m'alloit interroger, étoit un des couſins germains de feu ma mere. Il fut fort étonné de me voir. On lui avoit ſeulement rapporté qu'on avoit trouvé trois voleurs qui ſortoient d'un Couvent ; qu'on avoit été obligé de faire feu ſur eux, parce qu'ils avoient fait réſiſtance, tué deux Gardes de la Cinquantaine, & bleſſé trois ; qu'on avoit tué, à coups de fuſil, deux de ces voleurs, qu'on s'étoit ſaiſi du troiſieme,

& qu'on l'avoit conduit en priſon. Mon couſin commença par me faire une longue & véhémente réprimande. Je l'écoutai patiemment & ſans lui répondre. Quand il eut tout dit, je le priai de vouloir bien m'entendre, & je lui racontai cette tragique aventure, dans les termes que je crus les plus propres à exciter ſa compaſſion. Il parut être touché de mon récit, & me promit de me rendre ſervice dans une conjoncture ſi délicate. Il me quitta enſuite, & on me reconduiſit dans un cachot où je reſtai ſix ſemaines ſans entendre parler de lui, ni voir qu'un geolier, qui, tous les jours, m'apportoit du pain & de l'eau. J'avois beau demander à cet homme des nouvelles de mon couſin, & le prier de me dire s'il ſçavoit quelle tournure prendroit mon affaire, je ne pouvois tirer de lui d'autre réponſe, ſinon, qu'il lui étoit défendu de me rien dire. Un ſilence ſi myſtérieux, joint à l'entier abandon dans lequel on me laiſſoit, me fit appréhender que mon affaire ne tournât mal. Quoique la mort me parût préférable à une vie auſſi malheureuſe que l'étoit celle à laquelle je m'attendois, ſuppoſé que ma cataſtrophe n'eût pas de ſuites, cependant l'ignominie d'une mort publique me cauſoit de mortelles frayeurs, & me jettoit dans un état affreux. Enfin, au bout de ſix ſemaines, on vint me tirer de mon cachot. Comme j'ignorois les formalités des procédures criminelles, je crus qu'on venoit me prendre pour me conduire au ſupplice. Cette terrible idée me frappa ſi vivement, que je m'évanouis. Il faut que mon évanouiſſement ait été bien long, puiſque, quand je repris mes eſprits, je me trouvai dans un vaiſſeau qui étoit prêt à mettre à la voile. Je demandai à parler au Capitaine : on me conduiſit à ſa Chambre. Je le priai de me faire la grace de me dire où il me menoit, & qui eſt-ce qui m'avoit remis à ſon bord. Il me dit que mon pere avoit obtenu contre moi une lettre de cachet, en vertu de laquelle il me faiſoit paſſer à Miſſiſſipi ; qu'étant chargé de denrées pour la Flotte qu'on équipoit à Breſt, pour tranſporter dans ce Pays la Colonie qu'on y deſtinoit, il alloit me remettre entre les mains de ceux qui avoient la direction de cet embarquement. Je demandai à ce Capitaine ſi mon pere ne lui avoit confié aucun argent, ni aucuns effets pour moi. Il me répondit qu'il lui avoit parlé, qu'il avoit même fais tout ce qu'il avoit pu pour l'engager à m'accorder quelques ſecours ; mais qu'il n'en avoit jamais rien pû tirer. Je remerciai le Capitaine de ſa complaiſance & je me retirai. Quelque miſere que je préviſſe devoir eſſuyer dans le Pays où l'on me conduiſoit, je trouvois ce parti bien plus ſupportable que d'être enfermé entre quatre murailles, comme je le craignois, & comme mon pere m'en avoit menacé. Cependant le Capitaine profita, pour ſortir du Port, du vent & de la marée qui favoriſoient ſon départ, & en peu de tems, il arriva à Breſt, où je fus mis avec une infinité de malheureux qu'on devoit bien-tôt embarquer. C'étoit un aſſemblage informe de toutes ſortes de canailles, & excepté quelques jeunes gens de famille, que des parens cruels & intéreſſés cherchoient à faire périr par cette voye, le reſte n'étoit qu'un tas de frippons & de gens de ſac & de corde. Je n'eus pas grand commerce avec eux; je ne cherchai pas même à démêler dans la quantité, le petit nombre de jeunes gens qui avoient des ſentimens, & avec leſquels j'aurois pu me lier. L'idée récente de mes malheurs m'occupoit tout entier, &, juſqu'au jour de mon départ, je ne fis autre choſe que regretter mon cher frere, & pleurer la mort de ma tendre & malheureuſe Tonton. Enfin, tous les préparatifs de cette grande entrepriſe étant faits, on mit à la voile. Vous me diſpenſerez, Monſeigneur, de charger ce récit, qui n'eſt déja que trop long, par le journal de ce voyage, & par le détail de tout ce qui s'eſt paſſé dans cette nouvelle Colonie. Les relations qu'on en a faites dans les tems, vous en ont ſans doute inſtruit, & tout le monde ſçait que cette entrepriſe, qui a coûté des ſommes immenſes, n'a produit à l'État d'autre utilité, que de le purger d'une multitude de bandits qui l'infeſtoient. En effet, étoit-il poſſible que des ſcélérats, accoutumés à voler, & à vivre dans la fainéantiſe & la bonne chere, alliés avec des filles de mauvaiſe vie, auſſi vicieuſes qu'eux, puſſent travailler & faire fleurir cette Colonie? La plupart, au lieu de défricher le terrein qu'on leur avoit adjugé, après avoir conſommé leurs proviſions, pilloient & voloient ceux qui, par leur travail, auroient pu vivre commodément. Ainſi, les uns & les autres périſſoient de faim & de miſere.

Je n'avois pu me réſoudre à épouſer une de ces proſtituées. L'amour que je confervois inviolablement pour ma Tonton, ne me permit pas même d'y penſer. Je m'alliai donc avec un jeune homme de famille, avec lequel j'eus occaſion de faire connoiſſance pendant le trajet, en qui j'avois remarqué des ſentimens, & qui n'avoit pas voulu ſe marier, par un motif ſemblable au mien. Nous cultivâmes enſemble le terrein qu'on nous avoit donné à défricher, & nous voyions avec plaiſir nos travaux récompenſés par l'apparence d'une récolte aſſez abondante; mais nous fûmes fruſtrés de la plus grande partie, par ceux qui, n'ayant pas travaillé leur propre terrein, vivoient aux dépens des autres. Nous éprouvâmes le même ſort, pluſieurs années de ſuite. Le Gouverneur, & ceux qui étoient commis par lui pour maintenir la police, ne pouvoient remédier à ces abus. Tous les jours, on puniſſoit pluſieurs de ces bandits du dernier ſupplice, pour intimider les autres, & les retenir dans le devoir par la crainte; mais ce qui devoit ſervir à les faire rentrer en eux-mêmes, ne faiſoit que les rendre plus furieux; de ſorte qu'on n'entendoit parler dans la Colonie, que de vols & de maſſacres. Nous menâmes, mon aſſocié & moi, la plus triſte vie qu'on puiſſe s'imaginer, pendant plusieurs années, travaillant comme des mercenaires, & pouvant à peine recueillir assez de provisions pour nous nourrir pendant le cours de l'année très-pauvrement, & pour ensemencer nos terres. Combien ne fîmes-nous pas de réflexions sur une vie si misérable, dont notre mauvaise conduite étoit la cause! Combien de retours sur nous-mêmes! Combien de regrets du passé & de projets pour l'avenir, si nous pouvions un jour trouver l'occasion de sortir de cette funeste région! La religion nous fut d'un grand secours pour soutenir ce déplorable sort. Nous éprouvâmes que ce n'est que de Dieu, que l'homme doit attendre une véritable consolation. Nous recourûmes à lui; il ne rejetta pas nos prieres; il versa même sur nous une abondance de graces qui contrebalança le poids de nos maux.

J'avois bien besoin d'un secours pour soutenir le nouveau malheur que j'éprouvai au bout de six ans, par la mort de mon associé qui rendit entre mes bras les derniers soupirs. J'étois lié avec lui d'une amitié si étroite, qu'il sembloit qu'une seule ame animât nos deux corps. Je fus très-sensible à cette perte, qui rouvrit toutes les plaies que mes anciens malheurs m'avoient faites. Depuis ce tems, je ne pensai plus qu'à chercher les moyens de sortir d'un pays dans lequel je ne pouvois plus vivre depuis que j'avois perdu mon ami ; mais cela étoit extrêmement difficile. Je fis même plusieurs tentatives qui me réussirent mal. Je désesperois d'y parvenir, lorsque le Ciel m'en fournit l'occasion à l'heure que j'y pensois le moins.

Un Vaisseau Anglois, poussé par le vent dans la mer de Mississipi, fut obligé d'envoyer à terre sa Chaloupe pour faire de l'eau. Les matelots vinrent en chercher à une petite riviere qui n'étoit pas éloignée de mon habitation. J'en reconnus un que j'avois vu à Rouen, & avec lequel j'avois eu occasion de lier, à cause du commerce de mon pere. Je le tirai à l'écart : il eut peine à me reconnoître ; je lui fis le récit de mes malheurs, & je lui témoignai l'extrême desir que j'avois de repasser en Europe. Je le priai de la façon du monde la plus pressante, de me faire passer au Vaisseau ; il ne demandoit pas mieux ; mais la crainte des Gardes de la côte l'empêchoit d'y consentir. Vous voilà bien embarrassé, lui dis-je ; je me mettrai dans un des tonneaux que vous avez avec vous pour faire de l'eau. Le Matelot, ravi de cet expédient, se mit aussi-tôt en devoir de l'exécuter. Il en défonça donc un, me mit dedans, & me roula dans la Chaloupe. J'arrivai heureusement au Bâtiment Anglois. Le Capitaine, qui sçavoit passablement le François, fut curieux de sçavoir mes aventures : je les lui contai ; il en fut touché, & me traita bien. Il eut même la générosité, quand il fut de retour à Londres, de me donner quelques guinées, qui me servirent à repasser à Rouen, & à y subsister pendant quelques jours. Outre l'amour naturel que l'on a pour sa patrie, plusieurs autres motifs me portoient à y retourner. Depuis tant d'années, mon pere pouvoit être mort ; ainsi, j'étois bien aise de recueillir sa succession : s'il étoit encore vivant, j'avois lieu de présumer qu'après un si long-tems, & avoir essuyé tant de miseres, il me pardonneroit mes égaremens, & me recevroit chez lui ; mais comme je ne sçavois pas comment mon aventure avoit tourné, & que j'avois lieu de craindre que les parens de Tonton n'eussent fait des poursuites contre moi ; je résolus, pour ma sûreté, de changer de nom. Cette seule précaution suffisoit pour me mettre à couvert ; car mes longs malheurs m'avoient si fort défiguré, que mes plus proches parens auroient eu bien de la peine à me reconnoître.

J'allai loger dans une auberge qui n'étoit pas éloignée de la maison de mon pere. Je tâchai de faire jaser l'hôtesse sur les différentes aventures qui se passoient dans la Ville. Des plus récentes, elle passa aux anciennes, & enfin elle tomba sur la mienne. Sans paroître y prendre d'autre intérêt que la curiosité de sçavoir toutes les circonstances d'une aventure si extraordinaire, j'en tirai toutes les connoissances qui m'intéressoient. Je n'eus pas besoin de la presser beaucoup pour lui faire dire tout ce que je desirois apprendre.

Je sçus donc que mon frere & Tonton n'étoient pas morts de leurs blessures ; que mon pere, après avoir fait traiter mon frere, l'avoit fait mettre dans une maison de force ; que la mere de Tonton l'avoit aussi, après sa guérison, enfermée plus étroitement qu'avant : que mon pere avoit été dans le dernier chagrin de la perte des vingt mille écus qui avoient disparu, sans qu'on ait pu sçavoir ce qu'ils étoient devenus : que la perte de cette somme avoit fort dérangé ses affaires : qu'il avoit essuyé, peu de tems après, deux banqueroutes qui avoient achevé de le ruiner ; que tant de malheurs l'avoient fait mourir de chagrin ; que la vente de ses meubles & de tous ses effets avoient à peine suffi pour payer ses dettes ; que dans le même tems ou environ, mes oncles, mon cousin, & enfin tous mes parens étoient aussi morts ; que les Moines chez lesquels mon frere étoit enfermé, voyant qu'on ne payoit plus de pension pour lui, & ne connoissant personne à qui ils pussent s'adresser pour payer une année qui leur étoit due, l'avoient mis dehors ; que ce pauvre malheureux, ayant été trouver des parens éloignés pour en tirer quelques secours, en avoit été rejetté avec mépris ; que ne sçachant comment faire pour vivre, il avoit été contraint de se mettre en condition ; que la mere & tous les parens de Tonton étoient morts au bout de quelques années, sans lui laisser un sou de son bien : que, faute de pouvoir payer sa pension dans le Couvent, elle avoit été contrainte d'en sortir, & qu'elle auroit peut-être été obligée de se prostituer pour vivre, si une pauvre femme, qui avoit été servante chez sa mere, & qui avoit élevé cette infortunée Demoiselle, ne fût venue à Rouen dans ce tems-là : que cette bonne femme ayant appris la triste

triste situation de Tonton, l'avoit emmenée charitablement chez elle, où elle travailloit, pour n'être pas à charge à ses hôtes.

Quoique je me visse privé par ce récit de toutes sortes de ressources, & fort embarrassé pour vivre, je fus moins sensible à toutes les pertes que j'avois faites qu'au plaisir d'apprendre que mon frere & ma chere Tonton n'étoient pas morts. Je sentis renaître dans ce moment tout mon amour pour elle, & je ne restai à Rouen, qu'autant de tems qu'il m'en fallut pour m'assurer si je ne pourrois pas y trouver quelqu'un qui me secourût dans mon extrême pauvreté; mais ayant connu par ma propre expérience, que toutes les portes étoient fermées aux malheureux, je ne pensai plus qu'à m'informer du lieu où étoit ma chere Maitresse. Il ne me fut pas difficile, par le moyen de mon hôtesse, de connoître les parens de la bonne femme qui avoit retiré chez elle ma pauvre Tonton : j'allai les trouver, ils me donnerent son adresse, & j'y courus avec le plus grand empressement.

Je la trouvai en arrivant occupée au ménage, & habillée en paysanne. Une certaine langueur, marque assurée de sa mélancolie, étoit répandue dans toutes ſes actions : elle étoit ſi changée par le tems & par ſes longs chagrins, que je n'aurois pu la reconnoître, ſi mon cœur ne m'eût dit que c'étoit elle. Je l'embraſſai avec tranſport; elle ne me remit pas d'abord ; je fus obligé de lui dire mon nom. Dès qu'elle fut sûre que c'étoit moi, ſon ame fut agitée de mouvemens ſi vifs, qu'elle ſeroit tombée, ſi je ne l'euſſe aidée à ſe ſoutenir. Elle me donna dans ce moment toutes les marques de tendreſſe qu'on peut attendre d'une Amante dont la conſtance a été miſe à une ſi longue & ſi rude épreuve. Nous nous tenions embraſſés étroitement, ſans pouvoir dire une ſeule parole, lorſque la bonne femme arriva avec ſon mari. Tonton ſe fit effort pour leur crier : Le voilà ce cher Amant dont je vous ai tant parlé! Ces bonnes gens me reçurent avec beaucoup de bonté, & me firent rafraîchir. Après cela, ma chere Tonton me pria de leur faire le récit de ce qui m'étoit arrivé depuis mon embarquement, parcequ'ils ſçavoient le reſte. Je les ſatisfis, & je leur communiquai enſuite l'embarras où j'étois pour ſubſiſter. Le mari prenant la parole ; » mon cher fils, me

» dit-il, (permettez-moi de vous donner » ce nom), puiſque vous avez perdu tous » vos parens, que vous n'avez point d'amis » qui puiſſent vous fournir les moyens de » vivre d'une maniere conforme à votre » éducation, & que vous êtes accoutumé » depuis long-tems à vivre du travail de » vos mains, fixez-vous ici; je vous regar- » derai, Tonton & vous, comme mes pro- » pres enfans; car Dieu ne m'en a pas donné. » Vous épouſerez votre chere Maitreſſe; » vous travaillerez avec moi à couper du » bois, à faire du charbon & à le vendre. » Après ma mort & celle de ma femme, » vous hériterez du peu que nous avons, & » vous continuerez à vivre de votre travail, » qui ſuffira pour vous faire paſſer douce- » ment le reſte de vos jours ». J'embraſſai ce bon homme avec tranſport, & j'ac- ceptai ſa propoſition avec la plus vive reconnoiſſance. Dès que je fus un peu remis de mes fatigues, je commençai à travailler avec mon cher pere, car je l'appellois toujours ainſi. Ce nouveau genre de vie ne me parut pas, à beaucoup près, ſi pénible que celui que j'avois me- né au Miſſiſſipi; car, outre que j'avois le cœur ſatisfait par la vue de ma chere Tonton, j'étois beaucoup mieux nourri, la vente du charbon ne laiſſant pas de rapporter un profit aſſez honnête. En peu de tems, je fus auſſi accoutumé à ce travail, que ſi je n'euſſe jamais fait autre choſe de ma vie. J'accompagnois mon cher pere dans les Bourgs & dans les Villages où ſe faiſoit la vente de notre charbon. Quand je connus bien les environs, je lui épargnai cette peine, & j'y allai ſeul. Je paſſois mon tems dans une tranquillité & un contentement que je n'avois jamais éprouvé. Libre d'ambition, je bornois mes deſirs à me voir uni pour toujours à ma chere Tonton par les liens ſacrés du mariage. Je lui en fis la propoſition devant mes généreux hôtes, & le conſentement qu'elle y donna, mit le comble à ma ſatisfaction. Peu de jours après, je l'épouſai.

Il me reſtoit cependant encore une autre inquiétude, c'étoit de n'avoir point de nouvelles de mon cher frere. Tonton m'avoit dit qu'elle avoit reçu, dans le commencement de ſon ſéjour dans le bois, diverſes lettres de lui, qu'il étoit même venu la voir une fois; mais que, depuis près de quatre ans, elle n'en avoit pas entendu parler. Je ne ſçavois comment m'y prendre pour découvrir où il pouvoit être. J'étois dans cette perplexité, lorſque Tonton reçut une lettre, par laquelle il lui mandoit qu'il n'avoit pu lui donner de ſes nouvelles, parce qu'il avoit été obligé de ſuivre ſon Maître dans différens voyages qu'il avoit faits dans les Cours étrangeres; il lui envoyoit même quelqu'argent pour aider à ſa ſubſiſtance. Je lui écrivis ſur le champ dans les termes les plus tendres; je lui fis un détail abrégé de mes malheurs, & je le priai d'obtenir de ſon Maître la permiſſion de me venir voir. Au bout de huit jours, il arriva. Ce cher frere m'embraſſa avec une joye qui témoignoit bien ſenſiblement combien il m'aimoit. Je vis avec tout le plaiſir poſſible, que le tems, ni ſes malheurs dont j'étois la cauſe, n'avoient point alteré ſon amitié pour moi. Il fut affligé de me trouver dans un état ſi pauvre; il m'offrit généreuſement ce qu'il avoit pu économiſer depuis qu'il étoit en condition. Je l'en remerciai de tout mon cœur; je lui dis que, poſſédant ma chere Tonton, j'étois le plus heureux du monde; que la vie que je menois me paroiſſoit infiniment douce, en comparaiſon de celle que j'avois menée au Miſſiſſipi; que je m'y étois accoutumé à un travail beaucoup plus pénible & moins lucratif que celui auquel je m'occupois actuellement, qui, sans me donner beaucoup de peine, nous fournissoit ce qui étoit nécessaire à la vie, & que mon sort étoit si paisible & si heureux, que, quand je pourrois espérer de me pousser dans le monde, je ne voudrois pas quitter ma solitude.

Mon frere resta avec nous pendant tout le tems qui lui avoit été accordé par son Maître; ensuite il repartit. Notre séparation fut des plus tendres; ce ne fut pas sans verser des larmes que je le vis partir. Pour suppléer autant qu'il étoit possible à l'absence, nous nous promîmes de nous écrire souvent. Cependant nous continuïons à mener une vie heureuse; mon cher pere & moi allions travailler au bois; sa femme & Tonton nous préparoient à manger, & employoient le reste du tems à filer : ce qui ne laissoit pas de produire un petit gain qui nous aidoit à avoir encore bien des douceurs.

Peu de tems après, le bon homme mourut; sa mort m'affligea, car je l'aimois véritablement. Je me vis obligé de fournir seul à la subsistance de trois personnes; je redoublai mes travaux, &, comme j'avois appris à cultiver la terre, j'en défrichai une assez grande étendue, aux environs de notre cassine, où je semai du grain. Je fis aussi un jardin, dans lequel, outre les herbages & les légumes, je plantai des arbres fruitiers. Dieu bénit mes travaux, & en peu de tems, je recueillis assez de bled pour notre subsistance. Pour les fruits, légumes & herbages, non-seulement j'en fis venir pour notre provision, mais encore pour en vendre dans les environs; de façon que nous avons toujours vécu assez commodément. Quelques années après, la femme du charbonnier mourut aussi; Tonton en fut inconsolable; elle l'aimoit comme si elle eût été sa mere: outre cela, c'étoit une compagne qu'elle perdoit, & désormais elle alloit se trouver seule à la maison, pendant que je serois dans le bois. Cela me fit beaucoup de peine; j'aurois voulu de tout mon cœur ne la pas quitter d'un seul moment pour lui épargner l'ennui d'une vie si solitaire; mais il n'y avoit pas moyen, étant obligé de travailler pour vivre. Comme nous n'avions pas d'enfans, je lui proposai d'en demander un chez quelqu'une de mes pratiques; qu'elle l'éleveroit. Je comptois que cette occupation l'amuseroit & lui feroît une compagnie. Elle ne voulut pas y consentir, parce que la nourriture de cet enfant, m'obligeroit à travailler d'avantage pour y subvenir. De mon côté, je la quittois le moins que je pouvois. N'ayant plus qu'elle & moi à nourrir, j'allois au travail plus tard qu'avant, & j'en revenois de meilleure heure.

Il y avoit plusieurs années que j'avois épousé Tonton; elle commençoit à avancer en âge; je n'esperois plus en avoir des enfans lorsqu'elle devint grosse ; j'en ressentis la joye qu'un évenement si inespéré devoit naturellement produire. J'écrivis cette nouvelle à mon frere qui y prit toute la part possible. Mon épouse accoucha heureusement d'un fils ; mais à peine fut-elle rétablie, qu'elle vit mourir ce pauvre enfant. La douleur qu'elle en ressentit fut si vive, qu'elle retomba malade. Quelqu'affligé que j'eusse été de la mort de mon fils , ce n'étoit rien en comparaison du chagrin que me causa le danger où je voyois sa mere ; je ne la quittai ni jour ni nuit. Enfin, la bonté de son tempérament & mes soins la tirerent d'affaire. Quand elle fut parfaitement guérie, je repris mon travail , qui avoit été considerablement retardé, par la double maladie de Tonton.

Un jour que j'en revenois, j'entendis des cris qui ressembloient à ceux d'un enfant, & qui paroissoient sortir d'un buisson épais. Je m'approchai : grand Dieu ! quel fut mon étonnement quand j'apperçus un enfant dans un petit berceau de jonc, & tout auprès un paquet de hardes & de tout ce qui étoit nécessaire à un enfant nouveau né !

Le Comte, à cet endroit, fut extraordinairement ému ; il pensa en lui-même que ce pourroit être sa fille ; il interrompit du Parc, & lui demanda avec empressement combien il y avoit de tems qu'il avoit trouvé cet enfant, & quel âge il avoit alors. Monseigneur, répondit Duparc, il y a près de quatre ans, & la petite fille (car c'en étoit une) n'avoit pas plus de deux jours, selon ce que nous en pûmes juger Tonton & moi.

Le Comte, connoissant à ces circonstances que ce ne pouvoit être sa fille, pria Duparc de continuer sa narration, ce qu'il fit ainsi :

Je regardai de tout côté pour voir si je n'appercevrois pas la personne qui avoit mis-là cet enfant ; mais ne découvrant rien, & cette pauvre petite créature continuant toujours à crier, je la pris avec le paquet, & je l'emportai à ma maison. Tonton, à qui je racontai la maniere dont je l'avois trouvée, en fut charmée; car son lait qu'elle étoit obligée de tirer soir & matin, l'incommodoit beaucoup. Elle présenta d'abord la mammelle à cet enfant qui la prit avec avidité. Après que cette pauvre petite infortunée fut rassasiée, nous visitâmes le paquet. La finesse & la propreté des hardes que nous y trouvâmes, ne nous permirent pas de douter qu'elle n'appartînt à des gens de condition, ou du moins riches. Nous en plaignîmes davantage son sort, & nous n'avons épargné depuis ce tems, ma femme & moi, aucune attention pour l'élever avec tout le soin possible. Nous sommes bien récompensés des peines que nous prenons, par les manieres tendres & aimables, & par les caresses continuelles que cette chere orpheline nous fait; elle est tout-à-fait charmante; mille traits vifs dénotent qu'elle aura un jour beaucoup d'esprit; sa figure, jolie au possible, promet qu'à l'âge de quinze ans elle sera parfaitement belle. Enfin, nous l'aimons autant que si elle étoit notre propre fille. Je ne puis m'empêcher de la plaindre, quand je fais réflexion que, malgré l'amour que nous avons pour elle, nous ne pouvons pas lui faire beaucoup de bien, & la dispenser de l'obligation de travailler pour vivre; cette pensée m'afflige. Ce n'est pas là la seule inquiétude qui trouble la douceur de la vie que nous menons; le silence de mon cher frere nous cause le plus vif chagrin; je lui avois écrit plusieurs fois, sans en recevoir de réponse. J'aurois pris le parti d'aller chez son Maître faire à son sujet des informations, si j'avois sçu comment il se nommoit; mais, soit qu'il n'eût pas pensé à me le dire, soit que je l'eusse oublié, je l'ignorois. Quand nous lui écrivions, Tonton & moi, nous adressions nos lettres à une femme de sa connoissance qui les lui remettoit. J'allai chez elle pour qu'elle m'instruisît du nom du Maître de mon frere; je la trouvai qui venoit d'expirer; ainsi il m'a été impossible de sçavoir ce que mon frere est devenu; je ne sçais que penser de cette disparition; il faut qu'il soit sorti du Royaume, ou qu'il soit mort. L'incertitude de son sort, altere beaucoup la douceur de la vie que nous menons ici.

Voilà, Monſeigneur, quel a été l'enchaînement des triſtes événemens dont ma vie malheureuſe a été tiſſue. Je crains bien de vous avoir ennuyé par un récit qui ne peut avoir rien d'intéreſſant pour vous, & dont preſque toutes les circonſtances ſont à ma honte, puiſque ma mauvaiſe conduite a été la ſource de tant de malheurs. Non, répondit obligeamment le Comte, votre récit ne m'a point ennuyé, je vous ai plaint même dans pluſieurs endroits de votre hiſtoire, & je vous loue d'avoir ſçu profiter de tant de peines, pour acquérir la ſageſſe, qui eſt le plus grand bien que l'homme puiſſe poſſéder. Je vous remercie de la complaiſance que vous avez eue de ſatisfaire ma curioſité, & je vous prie d'avoir encore celle de me faire voir la petite fille dont vous venez de me parler. Tonton alla la lever, car elle étoit couchée, & l'ayant habillée, la préſenta au Comte qui la trouva de la plus aimable figure du monde. Ses traits promettoient par la ſuite la beauté la plus réguliere, &, malgré ſon bas âge & la ſimplicité de ſes habits, on remarquoit en elle quelque choſe qui déceloit ſa naiſſance. Ce Seigneur demanda à Duparc & à Tonton s'ils vouloient la lui confier ; il leur dit quelle feroit chez lui bien plus à portée de découvrir ses parens que dans ce lieu désert, qu'il la feroit élever décemment, & que s'il ne pouvoit avoir aucun éclaircissement sur son origine, il se chargeoit de l'établir beaucoup plus avantageusement qu'ils ne pourroient faire. Cette proposition les attrista ; leur affection pour cette aimable enfant, ne leur permettoit pas de s'en séparer. D'un autre côté, ils n'osoient pas refuser le Comte, & manquer une si favorable occasion de faire la fortune à cette petite infortunée. Ils se regardoient, l'un l'autre, comme pour consulter ce qu'ils devoient faire. Le Comte, remarquant leur embarras, leur dit : je vois bien que vous avez de la peine à vous résoudre à quitter cette belle enfant ; je ne désapprouve pas votre attachement pour elle ; mais voulez-vous la rendre malheureuse ? non sans doute ; car dans ce cas votre affection pour elle seroit cruelle. Faites mieux ; venez avec elle à ma terre ; vous aurez, par ce moyen, le plaisir de la voir tous les jours. Je vous prendrai tous les deux à mon service, mais avec des distinctions & des appointemens qui vous feront connoître le deſſein où je ſuis de vous faire du bien. Tonton ſera femme de chambre de la Comteſſe mon épouſe, & vous, Duparc, vous tiendrez auprès de moi la place de Secrétaire, à moins que vous n'aimiez mieux, l'un & l'autre, reſter dans un de mes Châteaux en qualité de Concierges. Ainſi, ſans vous donner tant de peine, vous coulerez tranquillement le reſte de vos jours. Duparc & ſa femme accepterent la propoſition du Comte avec la joye la plus vive. Cela étant, dit ce Seigneur, pendant que je vais prendre un peu de repos, arrangez vos petites affaires, afin que demain je puiſſe vous emmener avec moi à ma terre. Après cela, le Comte ſe coucha ſur de la paille fraîche qu'il s'étoit fait accommoder auprès du feu.

Le Charbonnier & ſa femme s'occuperent toute la nuit à faire deux balots de ce qu'ils vouloient emporter, & dès la petite pointe du jour, Duparc alla dans le Bourg le plus proche, pour s'informer s'il n'y avoit pas quelqu'un qui voulût acheter ſa caſſine avec tout ce qui en dépendoit, & tous les effets qu'il y laiſſeroit. Il rencontra heureuſement un homme qui témoigna avoir deſſein de s'en accommoder. Il l'amena avec lui. Ils convinrent bient-tôt du prix; car il lui abandonna tout pour ce qu'il lui en offrit, de ſorte que, quand le Comte s'éveilla, tout étoit déja prêt. Le Charbonnier, après lui avoir ſervi un léger déjeûné, ſella ſon cheval; il y monta; ces bonnes gens l'accompagnerent. Tonton prit entre ſes bras la petite fille, que le Comte nomma dès-lors Sylvie, parce qu'elle avoit été trouvée dans une forêt. Ils ſe rendirent ainſi dans une petite Ville peu éloignée, & ſur la route qu'il falloit tenir pour ſe rendre à la terre du Comte. Dès qu'ils y furent, ce Seigneur s'informa des gentilshommes qui l'avoient accompagné & de ſes gens. Il en trouva une partie: les autres étoient allés battre la campagne pour apprendre de ſes nouvelles. Leurs perquiſitions ayant été vaines, ils revinrent les plus affligés du monde; mais ils furent bien conſolés, quands ils virent le Comte, qui leur fit part de la découverte qu'il avoit faite de la petite Sylvie. Il la fit auſſi-tôt monter avec Tonton dans une voiture commode, donna un cheval à Duparc, & partit avec toute ſa ſuite pour ſe rendre à ſa terre, où il arriva après un jour & demi de marche, plus content d'emmener avec lui cette belle enfant, que s'il eût fait la chasse la plus heureuse & la plus abondante.

Le Comte présenta Sylvie à la Comtesse, & lui racontant tout ce qu'il avoit appris à son sujet : » Il semble, lui dit-il, » Madame : que le Ciel veuille par cette » rencontre merveilleuse, nous dédom- » mager de la perte que nous avons faite » de notre chere fille : je crois que vous » me sçaurez bon gré du présent que je » vous fais aujourd'hui. Cette Dame reçut Sylvie avec toute la joye imaginable. Elle l'embrassa, en répandant des larmes que le souvenir de sa fille, dont le sort avoit tant de rapport avec celui de Sylvie, lui fit verser. Elle fut frappée de la beauté & des manieres aimables de cette pauvre petite infortunée, & se sentit pour elle une si forte inclination, qu'elle l'aima, dès ce moment, autant que si ç'eût été sa propre fille qu'elle eût recouvrée. Cet heureux évenement acheva même de la consoler entierement de l'enlevement de sa fille. Elle donna aussi-tôt ordre de lui faire deshabits & des hardes convenables à une fille de condition de son âge. Cette aimable enfant, revétue de ces nouveaux habillemens, parut mille fois plus charmante. Elle n'avoit point du tout l'air emprunté, qu'un état si brillant sembloit devoir lui causer. On eût dit, au contraire, que se sentant dans sa sphére naturelle, elle avoit plus de liberté d'exprimer les saillies & les graces de son esprit, qui se développoit tous les jours. La Comtesse s'attacha de plus en plus à Sylvie. Elle l'avoit toujours auprès d'elle, & employoit tous ses soins à la former par l'éducation la plus parfaite. Sylvie, de son côté, à qui on avoit déja découvert l'incertitude de sa naissance, pleine de reconnoissance des bontés dont la Comtesse l'honoroit, la payoit de retour par le plus tendre attachement, & répondoit, de la maniere la plus satisfaisante, aux peines que cette Dame se donnoit pour elle.

La Comtesse eut aussi, pour Tonton, beaucoup de bonté : elle l'attacha auprès d'elle, & lui confia le soin de sa chere Sylvie. Elle ne pouvoit lui donner un emploi plus agréable, ni dont elle s'acquitât avec plus d'empressement & d'exactitude. De son côté, le Comte plaça Duparc auprès de lui, en qualité de Secrétaire : il s'acquitta de cette charge avec tant de fidélité & d'intelligence, que ce Seigneur satisfait de son service, le combloit tous les jours de nouveaux bienfaits.

Quatre ans se passerent dans la plus parfaite tranquillité, & pendant ce tems, Sylvie, qui croissoit en esprit, en graces & en beauté, faisoit appercevoir tous les jours en elle de nouveaux charmes. Au bout de ce tems, le Comte fut obligé de retourner à Paris pour quelques affaires. Comme la mauvaise saison approchoit, & que, d'ailleurs, il vouloit donner à Sylvie des Maîtres en tout genre, ce qu'il ne pouvoit faire à la campagne; il résolut de l'emmener à Paris avec la Comtesse, & la plus grande partie de ses gens. Ils partirent donc tous ensemble, & ils arriverent heureusement. Je crois que le Lecteur ne me sçaura pas mauvais gré de placer ici une aventure dont ce Seigneur fut témoin dans la route : il semble même qu'elle doit faire partie de cette Histoire, puisqu'elle n'eut son dénouement que dans la générosité du Comte, qui le rendoit le protecteur des infortunés. La voici :

Le second jour du voyage, le Comte & la Comtesse arrivés à l'auberge, & s'amusant à jouer en attendant le souper, furent interrompus par des cris perçans & redoublés. Le Comte met la tête à la fenêtre, & voit, au clair de la lune, trois hommes qui fondoient, l'épée à la main, ſur un autre, qui ſe défendoit courageuſement, & qui paroiſſoit réſolu de vendre bien cher ſa vie, que ces malheureux vouloient lui ravir. Il apperçoit auſſi une jeune fille qui s'arrachoit les cheveux, & faiſoit les plaintes les plus touchantes. Plein d'indignation de voir un combat ſi inégal, Il veut deſcendre lui-même au ſecours de celui qu'il voyoit dans un ſi preſſant danger; mais la Comteſſe, employant les plus fortes inſtances pour le retenir, il ſe contente d'envoyer Duparc avec deux de ſes Officiers qu'il connoiſſoit braves. Ils ſortent donc tous trois, l'épée à la main, & volent au ſecours de celui qui ſe défendoit ſeul contre ſes trois aſſaſſins. Il étoit tems : la fatigue d'un ſi long combat, & les différentes bleſſures qu'il avoit reçues, l'avoient affoibli au point de ne pouvoir plus réſiſter. Il étoit prêt à ſuccomber ſous les efforts de ſes ennemis, qui le preſſoient d'autant plus qu'ils le voyoient preſque hors de défenſe. A leur approche, les aſſaſſins prirent la fuite, de ſorte que les Officiers du Comte n'eurent d'autre peine que de lui amener ce jeune homme bleſſé & cette fille inconſolable. Le Comte & la Comteſſe furent frappés de la bonne mine de l'un & de la beauté de l'autre : ils auroient bien voulu apprendre d'eux la cauſe d'un ſi funeſte accident ; mais avant, ils donnerent leurs ſoins à leur procurer tous les ſoulagemens que le tems & le lieu permettoient de leur donner. On fit paſſer le jeune homme dans une chambre voiſine, où le Valet de Chambre-Chirurgien du Comte, viſita & panſa ſes bleſſures, qui ſe trouverent très-légeres. De ſon côté, la Comteſſe faiſoit tout ce qui dépendoit d'elle pour conſoler la Demoiſelle : elle lui fit donner des liqueurs & tout ce qui pouvoit la remettre de ſa frayeur ; mais rien ne fut plus ſouverain pour calmer ſon eſprit agité, que le rapport du Chirurgien, qui aſſura le Comte que les bleſſures du jeune homme n'étoient point du tout dangereuſes, qu'il pourroit même ſe lever dans deux heures, s'il n'avoit pas été affoibli par la quantité de ſang qu'il avoit perdu, & que, s'il repoſoit tranquillement cette nuit, il ſeroit en état le lendemain de ſoutenir, ſans danger, le mouvement du caroſſe. Cette pauvre Demoiſelle, à ce diſcours, devint ſi tranquille, qu'on n'eut pas de peine à deviner que le jeune homme étoit ſon Amant. Elle vouloit aller ſur le champ le voir ; mais on lui fit si bien comprendre que le repos étoit essentiel à sa guérison, que cette considération la retint. La Comtesse, curieuse de sçavoir les motifs d'une catastrophe si tragique, lui faisoit mille questions auxquelles elle répondoit avec tant d'esprit & de politesse, que, ne doutant pas que cette Demoiselle ne fût d'un certain rang, elle s'interressoit de plus en plus à son malheur. Après qu'on eut servi le dessert, le Comte, ayant fait retirer ses gens, pria cette aimable personne de vouloir bien lui confier ses infortunes, en l'assurant qu'il y prenoit déja toute la part possible, & qu'il seroit charmé, s'il pouvoit être de quelqu'utilité à une Demoiselle aussi bien née qu'elle le paroissoit. Elle rougit modestement; remercia le Comte de l'opinion avantageuse qu'il vouloit bien concevoir d'elle; lui fit entendre qu'elle craignoit de la détruire par ce récit; mais que le service qu'il venoit de rendre à Monsieur de la Grange, (c'étoit le nom du jeune homme) étoit si considérable, qu'elle ne pouvoit lui refuser cette satisfaction: que, d'ailleurs, elle espéroit qu'il auroit un peu d'indulgence pour ses foiblesses, puisqu'il ne pouvoit ignorer combien une passion violente a de pouvoir &

d'empire ſur les cœurs les plus vertueux. Elle commença donc ainſi ſon récit.

Mon pere, qui avoit une charge aſſez honorable dans la Robe, avoit épouſé une aimable Demoiſelle, pour laquelle il avoit long-tems ſoupiré. Il eut bien-tôt la ſatisfaction de la voir mere; mais il paya bien cher ce plaiſir par la douleur de la voir expirer en me donnant le jour. Née ſous de ſi noirs auſpices, mon ſort pouvoit-il jamais être heureux? Mon pere eut pour moi toute la tendreſſe qu'il avoit pour ſa chere épouſe. J'en étois, ſelon ce qu'il m'a dit mille fois, le véritable portrait. Cette reſſemblance ſi parfaite, étoit pour lui un nouveau motif de m'aimer plus tendrement. Il renonça, quoique jeune, à tout autre engagement, tant pour ne point manquer de fidélité à ſa chere femme, pour laquelle il reſſentoit toujours l'amour le plus vif, que pour ne point partager un bien conſidérable dont il vouloit que je fuſſe ſeule héritiere. Il employa tous ſes ſoins à me donner la meilleure éducation qu'il lui fut poſſible. Enfin, jamais enfant ne reçut d'un pere plus de marques d'attention, de complaiſance & de tendreſſe.

Pour mettre le comble à tant de bontés,

dès que j'eus atteint l'âge de quinze ans, il me dit qu'il ſeroit charmé de me voir mariée de bonne heure; mais qu'il ne me contraindroit jamais, & qu'il me laiſſeroit toujours la liberté de faire un choix conforme aux inclinations de mon cœur, parce que mon bonheur étoit le ſeul objet de ſes deſirs : qu'il étoit aſſez perſuadé de ma ſageſſe pour ne point appréhender que je me fixaſſe à un parti dont la naiſſance ou les mœurs puſſent le faire rougir. Je le remerciai dans les termes les plus vifs; je l'aſſurai que je n'abuſerois point de la liberté qu'il me laiſſoit, & que ſa volonté ſeroit toujours la règle de la mienne.

Cependant, le peu de beauté dont on diſoit que j'étois douée, ou plutôt un bien aſſez conſidérable que je devois avoir pour dot, attira au logis une multitude de ſoupirans, qui s'empreſſoient à me plaire. Ils y réuſſirent peu : mon cœur, juſqu'alors inacceſſible à l'amour, ne pouvoit être ſenſible à des proteſtations & à des ſermens frivoles. Leurs aſſiduités me devinrent bien-tôt à charge; je priois de tems en tems mon pere de me permettre de les congédier; mais, comme il deſiroit avec paſſion me voir établie, il me repréſentoit que je ne devois pas faire cette incivilité à des gens qui n'avoient avec moi que des procédés honnêtes. De tems en tems, il m'interrogeoit ſur l'état de mon cœur : je le lui ouvrois avec confiance, & je lui avouois ingénuement que je ne me ſentois aucun penchant pour qui que ce fût.

Cet état d'inſenſibilité ne dura gueres long-tems. Monſieur de la Grange parut enfin ſur les rangs, mais avec trop de diſtinction pour n'être pas écouté. Outre cette phyſionomie heureuſe dont vous n'avez pu, Monſieur, vous empêcher d'être frappé, malgré le terrible déſordre où l'avoient mis ſon combat & ſes bleſſures, un ajuſtement ſimple & galant relevoit encore ſa bonne mine. Tant de graces réunies firent impreſſion ſur moi, & je ſentis naître dans mon cœur un trouble qui, juſqu'alors, m'avoit été inconnu. J'avois toutes les peines du monde à détourner les yeux de deſſus lui ; mais ſi ſa vue m'avoit ſi fort émue, ſa converſation acheva de me rendre la plus paſſionnée de toutes les amantes. J'y remarquai tant de fineſſe, tant de délicateſſe & tant d'eſprit, que cela ſeul eût été bien ſuffiſant pour juſtifier le penchant que je m'étois d'abord ſenti pour lui : auſſi ne pus-je

m'empêcher

m'empêcher de lui céder dès-lors une entiere victoire sur mon cœur. Je desirois de toute mon ame qu'il conçût pour moi les sentimens qu'il m'avoit inspirés, & quand, après plusieurs jours, je le vis se borner aux soins, aux attentions & aux complaisances que les hommes polis ont ordinairement pour le sexe, je commençai à me repentir d'avoir si légerement livré mon cœur à l'amour : comme j'étois sans expérience, je m'imaginois qu'il étoit indifférent pour moi. S'il m'aimoit, me disois-je à moi-même, s'il ressentoit une passion aussi violente que l'est celle dont je suis animée pour lui, balanceroit-il à m'en faire l'aveu? Ne mettroit-il pas, au contraire, à profit les occasions que, sous différens prétextes, je lui fournis pour le faire sans être entendu? Il est vrai que ses yeux semblent m'en instruire; mais peut-être interprété-je trop favorablement leur langage. Enfin, croyant ne pouvoir attribuer son silence qu'à son indifférence; je devins rêveuse & mélancolique.

Mon pere s'en apperçut : sa tendresse en fut allarmée : qu'avez-vous, ma chere fille, me dit-il, en m'embrassant? Quoi! Vous avez des chagrins que vous ne me confiez pas ? Avez-vous oublié que je ſuis à votre égard, non-ſeulement un tendre pere, mais encore un ſincere ami ? Doutez-vous de ma diſpoſition à vous procurer toute la ſatisfaction & toute la conſolation qui dépendront de moi ? Ouvrez-moi donc votre cœur, &.... Ah ! mon cher pere, interrompis-je la larme à l'œil, que je reſſens vivement vos bontés ! mais, hélas ! mon mal eſt de telle nature, que vous ne pouvez y apporter de remede. J'aime ! mais j'aime un ingrat, qui n'a pour moi que de l'indifférence. Je lui racontai enſuite ce qui cauſoit mon inquiétude. Tu t'affliges, me répondit-il, de ce qui doit te cauſer une véritable joye ! La conduite de Monſieur de la Grange, à ton égard, eſt une marque certaine d'un amour ſolide, ſincere & reſpectueux. Raſſure-toi, ma chere fille ; s'il t'aimoit légerement, il n'auroit pas tardé à te le déclarer, comme cette multitude de jeunes étourdis ; mais ſa paſſion étant ſérieuſe, le reſpect & la crainte de t'irriter par une déclaration précipitée, lui ferment la bouche. Il veut auparavant faire parler ſes ſoins & ſes aſſiduités, & préparer, par ces tendres démarches, ton cœur à recevoir l'aveu de ſes ſentimens. Ainſi, ma chere fille, j'augure bien de ce qui cause tes allarmes. Au reste, je suis charmé que tu te sentes de l'inclination pour ce Cavalier, & je souhaite de toute mon ame qu'il en ait pour toi : je le connois, il est de bonne maison, bien élevé, a de l'esprit, des sentimens, de la conduite, & un bien proportionné au tien ; enfin, je ne connois point de parti mieux assorti, & avec lequel tu puisses te promettre un sort plus heureux.

La réponse de mon pere me causa toute la joye possible : je le remerciai du soin qu'il vouloit bien prendre de dissiper mes inquiétudes, & je me sentis, depuis ce moment, délivrée des soins qui me tourmentoient. Instruite par mon pere de l'interprétation que je devois donner au silence de Monsieur de la Grange, loin de lui en sçavoir mauvais gré, je l'estimois davantage. Je m'accoutumai au langage de ses yeux, & je tâchois, par la douceur de mes regards, de lui inspirer la hardiesse de m'instruire d'une façon plus certaine de ses sentimens, desquels je ne doutois presque plus.

Quelque tems après, mon pere me mena avec lui passer quelques jours dans une maison de campagne qu'il avoit à quelques lieues de Paris, & invita Monſieur de la Grange, qui étoit devenu fort familier au logis, à venir auſſi s'y divertir avec nous. Peut-être ſon deſſein étoit-il de lui faciliter les moyens de ſe déclarer. Quoi qu'il en ſoit, ce reſpectueux & tendre amant en profita.

Un jour que pluſieurs perſonnes des environs étoient venues voir mon pere, & qu'elles étoient occupées à jouer après le dîner, j'allai ſeule me promener dans le parc, ſous une allée impénétrable aux rayons du ſoleil. Monſieur de la Grange, qui n'avoit point fait de partie, m'y ſuivit, & quand il ſe vit dans un lieu aſſez couvert pour n'être point apperçu des fenêtres du corps de logis, il ſe jetta à mes genoux, & d'un air timide & paſſionné : Belle Léonore, me dit-il, puis-je me flatter que vous ne vous irriterez pas de l'aveu que j'oſe vous faire de l'amour le plus pur & le plus reſpectueux dont un amant ait jamais été pénétré ? Mais, pourquoi vous en offenſeriez-vous, puiſqu'il n'y a rien dans mes ſentimens dont la plus auſtere vertu puiſſe s'allarmer ? Oui, charmante Léonore, quand j'oſe vous déclarer toute la vivacité de mon amour, ce n'eſt que pour vous prier de me faire la grace d'unir ma deſtinée à la vôtre. Heureux, ſi, daignant accepter l'offre de mon cœur & de ma main, vous conſentez à combler mes vœux par un hymen qui me rendra le plus fortuné de tous les hommes. Tranſporté de joye d'une propoſition qui s'accordoit ſi parfaitement avec mes deſirs; je reſtai immobile pendant quelque tems. Ce tendre amant, prenant mon ſilence pour un refus; hélas! s'écria-t-il, vous ne répondez rien, adorable Léonore! Une flamme ſi pure a-t-elle donc quelque choſe d'offenſant pour vous? Malheureux que je ſuis, je vois bien que je me ſuis trop flatté quand j'ai interprété favorablement la douceur de vos regards. Hélas! puiſque mon reſpect & mes tendres ſoins ne vous ont point prévenue en ma faveur, je perds entierement l'eſpérance de détruire votre indifférence, & de parvenir au bonheur de vous plaire. Ce ſeul eſpoir me rendoit la vie agréable, elle me devient inſupportable, puiſque vous m'en privez, & je vais m'en délivrer à vos yeux: peut-être que n'ayant pu m'aimer vivant, vous me plaindrez mort. Tirant auſſi-tôt ſon épée, il alloit s'en percer, quand je me jettai ſur lui. Ciel! qu'allez-vous faire, m'écriai-je, ſaiſi de frayeur? Voulez-vous, par votre mort, me rendre la plus malheureuſe perſonne du monde? Que vous ai-je dit qui ait pu vous jetter dans un ſi cruel déſepoir? Hélas! dit cet amant affligé, pourquoi, belle Léonore, m'empêchez-vous de mourir, ſi vous ne voulez pas faire mon bonheur? Je ne m'y oppoſe pas, lui répondis-je: vivez & eſpérez; mais comme je dépends d'un pere, c'eſt lui ſeul qui doit régler mon ſort. S'il m'ordonne de vous épouſer, je lui obéirai, & je veux bien vous aſſurer que ce ſera ſans répugnance. Il faut avoir aimé, mais avoir aimé avec la plus forte paſſion, pour ſe figurer la joye dont ma réponſe tranſporta ce tendre amant; la mienne n'étoit pas moindre, quoique la rigoureuſe loi de la retenue impoſée à notre ſexe m'empêchât de la faire éclater. Dès que la Compagnie ſe fut retirée, Monſieur de la Grange, tirant mon pere à part, lui fit connoître, de la façon la plus touchante, la violence de ſon amour; lui témoigna ſon extrême deſir de s'unir pour toujours avec moi, & le conjura avec inſtance de ſe rendre favorable à ſes vœux. Mon pere lui répondit qu'il étoit fort ſenſible à l'honneur qu'il lui faiſoit de rechercher ſon alliance, qu'il ſeroit charmé d'avoir un gendre tel que lui, & que si j'étois aussi portée d'inclination à lui vouloir du bien qu'il l'étoit, il ne tarderoit pas à se voir au comble de ses vœux; mais que, ne voulant pas me contraindre, il lui permettroit, avant de lui donner une parole positive, de me consulter en sa présence. Il me fit donc venir sur le champ, & me dit : » ma fille, vous sçavez que je vous » ai toujours laissé la liberté de vous choi- » sir un époux suivant le penchant de vo- » tre cœur : voici Monsieur de la Grange » qui vous fait l'honneur de vous deman- » der en mariage. Dites-moi naturelle- » ment si vous êtes dans la disposition de » l'épouser; car, quelque desir que j'aye » pour une alliance aussi sortable, je ne » veux point faire violence à votre incli- » nation ». Mon cher pere, lui répondis-je, il me suffit que la demande de Monsieur vous fasse plaisir, pour qu'elle m'en fasse aussi : ainsi je consens volontiers à l'honneur qu'il me fait. Mon pere, voyant à l'air de satisfaction avec lequel je lui avois fait ma réponse, qu'elle étoit plutôt dictée par mon cœur que par ma complaisance à ses desirs, & connoissant d'ailleurs depuis long-tems mes sentimens pour Monsieur de la Grange, lui donna sa parole de m'unir à lui. Pour lors, je ne contraignis plus les mouvemens de mon ame, & je fis voir à ce tendre amant, que je regardois déja comme mon époux, toute la vivacité de mon amour : quelquefois même, je lui faisois des reproches de son silence, qui m'avoit causé de si cruelles inquiétudes ; il s'en excusoit sur l'excès de sa timidité & de son respect.

Cependant nos affaires alloient le mieux du monde. Monsieur de la Grange, qui ne dépendoit de personne, disposoit de son côté toutes choses, afin que rien ne retardât notre bonheur. Mon pere comptoit, à son retour à Paris, avoir la satisfaction de nous unir. Mais, hélas ! lorsque nous comptions toucher au moment desiré, nous nous en vîmes éloignés par la mort d'un pere si tendre.

La veille du jour fixé pour notre retour à Paris, s'étant extrordinairement échauffé à la chasse, il but avec avidité une grande quantité d'eau d'une fontaine extrêmement fraîche, qui étoit dans le voisinage : il se sentit aussi-tôt glacé d'un froid mortel, & la fièvre le prit en rentrant. Le lendemain matin, comme il se sentit un peu soulagé, nous profitâmes de cet intervalle pour revenir à Paris. A peine y fut-il que la fièvre le reprit plus fortement que la veille. Je fis venir les Médecins, qui me jetterent dans la derniere consternation, en m'apprenant que mon pere étoit attaqué d'une pleurésie & d'une fluxion de poitrine compliquéer. Depuis ce jour fatal, il se trouva toujours de plus mal en plus mal. Le soir du huit au neuf de sa maladie, se sentant un peu mieux, il fit venir un frere qu'il avoit, qui étoit aussi dans la robe, Monsieur de la Grange & moi, & nous voyant tous fondre en larmes, Il se fit effort pour nous tenir ce discours.

» Mes chers enfâns, je vois arriver le » moment auquel je vais être réuni à ma » chere épouse, dont le souvenir m'a tou- » jours été si précieux. Je desirois, avant » de mourir, vous unir pour toujours, & » si j'emporte en mourant quelque re- » gret, c'est de n'avoir pu mettre moi- » même le sceau à votre félicité. Je me » console néanmoins, en considérant que » je vous laisse entre les mains d'un frere » que je regarde comme un autre moi- » même, & qui se fera un plaisir & un » devoir de remplir la promesse que je » vous ai faite de vous unir. Puissiez-vous, » mes chers enfans, être plus heureux que » je ne l'ai été »! Puis, adressant la pa-

role à mon oncle : » Mon frere, lui-dit-
» il, je compte assez sur votre amitié,
» pour espérer que vous voudrez bien faire
» leur bonheur, aussi-tôt que le deuil & la
» bienséance le permettront. Je vous prie
» de leur servir de pere, puisqu'ils vont
» être privés de moi par la mort qui va
» couper le fil de mes jours ». Il ne put en dire davantage. Nous l'embrassâmes avec la plus vive douleur : il nous donna sa bénédiction. Son mal augmenta ensuite avec une telle violence, qu'au bout de quelques heures il rendit les derniers soupirs.

Il m'est impossible, Monsieur, de vous exprimer la douleur que me causa une perte si sensible. La tendresse que ce bon pere m'avoit toujours témoignée peut faire connoître combien j'en fus affligée. Peut-être le retardement que cette mort apportoit à notre hymen augmentoit-elle en quelque chose ma sensibilité ; mais ce qu'il y a de certain, c'est que si j'avois sçu à combien de malheurs elle me laissoit en proie, je crois que j'en serois morte de chagrin. Le Ciel fait bien sagement de ne nous point laisser pénétrer, dans l'avenir, l'océan des maux qui nous sont préparés ; car notre foiblesse y succomberoit.

Mon oncle se chargea des funérailles,

& du ſoin de tout arranger dans la maiſon, & les affaires de mon pere ; & comme il n'étoit pas décent qu'une fille de mon âge demeurât ſeule, il me prit chez lui. Monſieur de la Grange s'y rendoit aſſiduement, & employoit tous ſes ſoins à me conſoler. Il y réuſſit en partie. Petit à petit, ma triſteſſe ſe diſſipa, & la joie revint dans nos converſations. Mon oncle étoit garçon. Il ſe trouvoit preſque toujoursprésent à nos entretiens. Il me témoignoit beaucoup d'amitié, & m'accabloit de careſſes. Cependant le tems du deuil s'avançoit, & Monſieur de la Grange le prioit, de tems en tems, de ne pas différer notre bonheur : mais il faiſoit toujours la ſourde oreille à cette propoſition. Je m'apperçus même qu'il lui faiſoit aſſez mauvaiſe mine. Cela m'allarma beaucoup, ſans que j'en puſſe cependant deviner la cauſe. Enfin, la choſe vint au point qu'il lui dit un jour de ne plus penſer à m'épouſer, parce qu'il avoit d'autres deſſeins ſur moi. Un coup de foudre ne nous auroit pas plus interdits qu'une ſi cruelle ſentence. Monſieur de la Grange, piqué juſqu'au vif, lui répondit : » Je » ſuis, Monſieur, d'autant plus étonné de » l'oppoſition que vous apportez à notre

» union, que vous avez vous-même été » témoin & dépositaire de la derniere » volonté de Monsieur votre frere à ce » sujet, & que vous sçavez qu'il l'a spé- » cifié dans son testament, dont il vous a » fait l'exécuteur. Ainsi, Monsieur, si » vous persistez dans la résolution où » vous paroissez être de vous opposer à » notre mariage, ne trouvez pas mauvais » que je fasse valoir juridiquement mes » droits ». Ensuite il le quitta. Après son départ, mon oncle cessa de se contraindre, & me découvrit un projet si horrible, que je n'aurois jamais pu l'en soupçonner. D'abord, il jetta sur moi des regards passionnés qui me glacerent d'effroi; ensuite, il m'embrassa avec tant d'ardeur, que je ne pus me dérober à ses embrassemens: puis, me voyant dans un embarras & une inquiétude inexprimables: » Calme-toi, me dit-il, ma » chere Léonore; je veux te rendre heu- » reuse; je te destine un époux dont l'a- » mour est bien plus ardent, & sera bien » plus constant que celui de la Grange & » de tous les jeunes gens comme lui. En- » fin, j'ai résolu de t'épouser. Je ne suis » point encore dans un âge qui ne me » permette pas de penser au mariage, &

» j'ai cru ne pouvoir faire un meilleur » choix, que de te prendre pour ma fem- » me ». Comment, mon oncle, m'é- criai-je avec colere, la nature, le ſang, la Religion, l'honneur, toutes les Loix divines & humaines n'ont point aſſez de pouvoir pour vous empêcher de former un projet ſi abominable? » Il ne l'eſt pas » tant que tu penſes, me répondit-il de » ſang froid : pluſieurs exemples d'oncles » qui ont épouſé leurs nièces juſtifient » mon deſſein, & il me ſera auſſi facile » qu'à eux d'obtenir une diſpenſe de Ro- » me. Pour ce qui eſt de la derniere vo- » lonté de mon frere, comme il n'a eu » d'autres vues que de faire ton bonheur, » je me conforme à ſon intention en t'é- » pouſant, puiſque tu ſeras mille fois plus » heureuſe avec moi qu'avec tout autre ». Outrée juſqu'au dernier point de cette affreuſe réſolution, je lui proteſtai que la mort me ſeroit moins odieuſe qu'un hy- men ſi déteſtable, que j'étois réſolue de faire valoir la diſpoſition teſtamentaire de mon pere, & que, ſi je ne pouvois me débarraſſer de ſes violences, je me ſen- tois aſſez de courage pour m'en affran- chir par la mort. Un domeſtique, qui vint l'avertir qu'on demandoit à lui par-

ler, me délivra, pour ce moment, de ce monſtre. Je profitai de cet intervalle pour écrire à Monſieur de la Grange. Je l'informai du projet de cet oncle perfide, & je lui mandai de ſe rendre au logis le lendemain, pendant qu'il ſeroit au Palais; qu'il me trouveroit ſeule, & que nous prendrions enſemble des meſures pour me délivrer de ſa tyrannie. Je donnai ma lettre cachetée à Cécile, ma femme de chambre, à qui je croyois pouvoir me confier; mais j'ai lieu de ſoupçonner qu'elle m'a trahie; que, gagnée par ce cruel oncle, elle lui aura remis ma lettre; qu'après l'avoir lue, il l'a recachetée, ſans qu'on pût s'en appercevoir, ce qui lui a été d'autant plus facile, que ſon cachet & le mien ſont aux mêmes armes, & qu'il l'a enſuite envoyée à ſon adreſſe. Le lendemain, il feignit de ſe rendre au Palais, à l'ordinaire. Mais, peu de tems après que Monſieur de la Grange ſe fut rendu dans mon cabinet, nous le vîmes y entrer, tenant un papier d'une main & un piſtolet bandé de l'autre. La fureur qui paroiſſoit dans ſes yeux, prouvoit trop la réſolution où il étoit de ſe porter aux plus cruelles extrémités. » Vous préten-
» dez, nous dit-il, vous prévaloir du

» testament de mon frere pour vous unir
» malgré moi ; mais je vous déclare que
» je vous immole tous deux à ma jalou-
» sie, si vous ne signez, dans le moment,
» cet acte, par lequel vous reconnoissez
» renoncer librement & volontairement
» l'un & l'autre à vos droits, vous ren-
» dre la parole mutuelle que vous vous
» êtes donnée, & vous laisser récipro-
» quement la liberté de vous engager à
» qui bon vous semblera ». Nous avions été si épouvantés de le voir entrer ainsi armé & furieux, que nous le laissâmes parler sans proférer une seule parole, ni faire le moindre mouvement : mais quand Monsieur de la Grange eut connu toute la noirceur de son dessein, il se leva avec précipitation pour aller prendre son épée qu'il avoit mise dans un coin de mon cabinet ; il ne la trouva plus. Sans doute la malheureuse Cécile, instruite par son dénaturé Maître, l'avoit ôtée. Elle étoit effectivement entrée un peu avant lui, sous prétexte de quelqu'affaire. Se voyant donc désarmé, il ne sçavoit à quoi se déterminer. Cependant mon barbare oncle, lui tenant le pistolet sous la gorge, le pressoit vivement de signer. Ce pauvre Amant me regardoit d'une façon lan-

guissante, comme pour me demander conseil dans une conjoncture si critique: moi, qui craignois tout de la fureur d'un homme qui avoit tant fait que de se porter jusqu'à ce point de cruauté, je lui dis de sauver sa vie en signant, & je lui fis en même tems un signe, pour lui faire entendre qu'il nous seroit possible de protester, quand nous pourrions le faire avec sûreté, contre une pareille violence. Monsieur de la Grange, comprenant tout ce que je voulois lui dire, ne fit plus de difficulté de mettre son seing au bas de ce funeste papier, ce que je fis ensuite: après quoi, mon furieux oncle le conduisit, toujours le pistolet sous la gorge, jusqu'à la porte de la rue qu'il fit fermer sur lui, après lui avoir fait rendre son épée. Pour moi, je fus enfermée dans mon cabinet, où je ne voyois qu'une fille qui m'apportoit à manger, & mon abominable oncle qui, deux fois par jour, redoubloit l'horreur d'une situation si désespérante, par les instances qu'il me faisoit de consentir à l'épouser. Tantôt il employoit les soupirs, les larmes & les prieres pour me toucher; tantôt il donnoit un libre cours à son emportement, & me menaçoit d'employer la derniere violence pour satisfaire ſes deſirs. Je le croyois bien capable de pouſſer ſa brutalité juſqu'à ce point de ſcélérateſſe : c'eſt ce qui m'engagea à avoir, jour & nuit, un poinçon à côté de moi, pour m'en percer le cœur, ſi jamais il entreprenoit de me faire le dernier outrage. Je fis tous mes efforts pour gagner par préſens & par promeſſes la fille qui me ſervoit ; mais en vain : elle ne voulut jamais m'accorder la conſolation de me donner des nouvelles de mon cher de la Grange, ni ſe charger de lui remettre une lettre de ma part. J'étois à ſon ſujet dans des inquiétudes mortelles. Il y avoit déja ſix ſemaines que j'étois enpriſonnée, toujours en bute aux perſécutions de mon indigne oncle, lorſqu'il mit le comble à ſes crimes & à mon malheur. Hier il vint à onze heures du ſoir me trouver. Je fus extrêmement allarmée de le voir à une heure ſi indue. Heureuſement, que m'étant occupée à la lecture plus long-tems qu'à l'ordinaire, je n'étois pas encore couchée. Je lui demandai, en tremblant, quel ſujet l'amenoit ſi tard. » Je viens, dit-il, vous » prier, pour la derniere fois, de ne plus » vous oppoſer à mon bonheur, & ſçavoir » quelle eſt votre derniere réſolution ». Je vous l'ai déja dit mille fois, lui répondis-je; je ne changerai jamais. Votre lâche & cruel procédé ne fait qu'accroître tous les jours mon aversion pour vous, & je vous jure que je préfere la mort la plus affreuse au supplice de devenir l'épouse d'un homme si monstrueux que vous. Je l'accablai ensuite de tous les reproches que mon juste ressentiment me suggéra; mais cet abominable oncle se jetta sur moi avec rage. » Puisque tu ne veux » pas, dit-il, être mon épouse de gré, » je me satisferai du moins par la force. Je m'étois saisie de mon poinçon dès que je l'avois vu entrer; je le menaçai de l'en percer s'il ne me quittoit pas. Sa brutale fureur ne lui permit pas d'envisager le danger auquel il s'exposoit. Je m'efforçai, en me débattant, de me débarrasser de lui, mais, hélas! j'étois trop foible pour me défendre d'un homme à qui sa frénésie prêtoit encore de nouvelles forces. Voyant donc qu'il ne me restoit point d'autre moyen de sauver mon honneur, je lui enfonçai mon poinçon dans le sein. La douleur qu'il ressentit, l'obligea de me quitter, & je le vis, un instant après, tomber sur le plancher baigné dans son sang. Tant de circonstances terribles, & la vue d'un homme que je croyois mort, & mort de ma main, me mirent dans un état inconcevable. Mille pensées accablantes me passerent à la fois par l'esprit; je fus effrayée par l'idée d'une mort infâme, dont il me sembloit déja qu'on m'alloit punir, pour venger celle de cet oncle qu'on diroit que j'aurois assassiné. Mon foible cerveau ne put résister à tant d'assauts; je tombai dans le désespoir, & voulus me percer du même poinçon; mais ma main refusant à ma volonté son ministère, je me précipitai du troisieme étage, par la fenêtre de mon cabinet qui donnoit sur un jardin. Je tombai heureusement sur une couche de fumier, & je ne me fis d'autre mal que d'être extraordinairement étourdie de ma chûte. J'y restai plus d'une demi-heure, sans pouvoir me relever, ni même remuer. Enfin, étant entierement revenue à moi, je ne sçavois quel parti prendre, ni comment sortir de ce jardin, ni où aller, quand je pourrois en sortir. Je n'étois cependant pas fâchée, à travers tant de sujets d'affliction, de me voir hors d'une maison si funeste pour moi. Pour m'en éloigner plus promptement, je profitai d'un foible clair de lune; je visitai le jardin, & cherchai si je ne découvrirois pas quelqu'endroit par où j'en pusse franchir les murs. Un treillis m'en fournit le moyen, & bientôt je me vis dans la rue; mais grand Dieu! quelle situation! une jeune fille de dix-sept ans, seule, à minuit dans la rue, après une catastrophe si tragique, & sans sçavoir où donner de la tête. Je n'osai me présenter en cet état & à cette heure chez aucun de mes parens, ni chez aucune personne de ma connoissance. Je me déterminai donc à aller trouver Monsieur de la Grange, quoique je sentisse bien qu'un pas de cette nature étoit bien délicat; je me rendis chez lui avec mille frayeurs. Quel fut son étonnement de me voir! avec quel transport il m'embrassa! mais, quelle fut sa douleur, quand il me vit fondante en larmes, & quand je lui eus fait le récit de ce qui venoit de m'arriver. Il employa généreusement ses soins à me consoler: me fit prendre les rafraîchissemens dont il croyoit que je pouvois avoir besoin, me conduisit dans un appartement fort propre, & me dit: » Ma chere Léonore, calmez, » je vous en conjure, votre esprit; tâchez » de prendre un peu de repos dont vous

» avez besoin après tant de tourmens. Ne » vous inquiétez de rien : votre honneur, » votre vie, tout est en sûreté ici : comptez sur mon amour, mes soins, & mon » respect. Vous êtes ici la maitresse ; re» gardez-vous comme dans votre propre » appartement. Je recommanderai à mes » gens le secret : ils sont fideles, & je puis » compter sur leur discrétion. Demain, » dès le point du jour, je ferai faire d'exac» tes informations sur les suites de votre » malheureux accident, &, suivant ce que » l'on m'en rapportera, je prendrai les plus » justes mesures pour pourvoir à votre » sûreté d'une maniere plus certaine ». Il se retira ensuite, & je me couchai ; mais j'étois trop agitée pour pouvoir goûter les douceurs du repos, & ce ne fut que sur les sept heures du matin, que l'accablement prodigieux que tant de maux m'avoient causé, me força, pour ainsi dire, à me livrer au sommeil ; mais, hélas ! quel sommeil ! j'eus l'imagination troublée par les images les plus noires & les plus effrayantes, de sorte que je me réveillai deux heures après, plus accablée & plus affligée que je ne l'avois été en me couchant.

Monsieur de la Grange est sorti ce matin

pour apprendre quel effet auroit produit ma cataſtrophe Il avoit chargé un de ſes laquais en qui il ſe fioit beaucoup, de faire à ce ſujet les recherches les plus exactes. Ce laquais a été voir un des gens de mon oncle, qu'il avoit connu autrefois, lui a offert à déjeûner dans un cabaret voiſin, & après l'avoir échauffé par le vin, lui a fait dire tout ce qu'il vouloit ſçavoir. Il a donc appris que mon oncle étoit malade, mais qu'on ignoroit quelle étoit ſa maladie, parce qu'il ne laiſſoit entrer dans ſa chambre que Cécile & une autre fille; qu'ils jugeoient tous qu'elle étoit dangereuſe, par les mouvemens extraordinaires que ces filles & le Chirurgien ſe donnoient; que je m'étois échappée de la priſon où mon oncle me tenoit depuis ſix ſemaines, ſans qu'on pût ſçavoir par où je m'étois évadée, ni où j'étois allée; que mon oncle avoit envoyé chez toutes les perſonnes de la famille ou de ſa connoiſſance, pour ſçavoir ſi je ne m'y ſerois pas retirée; mais que ces perquiſitions ayant été inutiles, il couroit dans la maiſon un bruit ſourd, que je m'étois cachée chez Monſieur de la Grange, pour qui on ſçavoit que j'avois de l'inclination.

Le laquais ayant ſçu tout ce qu'il deſiroit apprendre, eſt revenu trouver ſon maître pour lui en rendre compte. Monſieur de la Grange, à ce récit, s'eſt hâté de revenir chez lui pour m'en informer. Je venois de m'habiller quand il eſt rentré. Après m'avoir tout raconté, il n'y a pas de tems à perdre, a-t-il ajouté, ma chere Léonore, il faut partir promptement d'ici, de peur qu'on ne nous ſurprenne, & que je ne me voye hors d'état de vous ſouſtraire aux recherches de votre cruel oncle. J'ai à vingt-cinq lieues d'ici une tante qui vit tranquillement, retirée dans ſa terre : elle approuve l'amour que j'ai pour vous, & ſouhaite ardemment nous voir unis. C'eſt chez elle que je veux vous mener. Le récit de vos malheurs l'intéreſſera encore d'avantage pour vous, & elle vous offrira volontiers un aſyle dans ſon Château, où votre honneur, votre liberté & votre vie ſeront en ſûreté. D'abord que je vous y aurai conduite, je reviendrai à Paris pour lever, par voye de juſtice, tous les obſtacles qui s'oppoſent à notre mutuel bonheur. Il a donné auſſi-tôt ordre à ce fidele domeſtique de tenir ſecrettement une chaiſe prête, pour partir dans une demi-heure.

Nous ſommes donc partis ce matin à

dix heures, & nous avons fait, comme vous voyez, Monſieur, aſſez de diligence, puiſque nous ſommes arrivés ce ſoir ici. A l'entrée du Village notre chaiſe a été arrêtée par trois hommes, qui d'abord ont poignardé ce fidele garçon qui nous ſervoit de poſtillon, & qui étoit le ſeul domeſtique que nous euſſions. Son maître a fondu ſur eux l'épée à la main. Deux lui ont fait face, pendant que le troiſieme eſt venu m'arracher de la chaiſe, & m'emportoit malgré ma réſiſtance & mes cris. Monſieur de la Grange, remarquant ſon deſſein, a couru à lui & l'a obligé de me laiſſer en liberté, pour ſe défendre: ils ſe ſont réunis pour lors tous trois contre lui. Les chevaux de notre chaiſe effarouchés, & n'ayant plus perſonne pour les guider, ont pris le mors aux dents, & s'en ſont retournés du côté de Paris.

J'étois tombée à terre plus morte que vive; mais, le danger preſſant de Monſieur de la Grange ranimant ma foibleſſe, j'ai demandé, à grand cris, du ſecours que vous avez eu la générosité de nous faire donner.

Elle avoit à peine fini le récit de ſes malheurs, qu'on entendit un grand bruit dans la rue. Le Comte mit la tête à la fenêtre.

fenêtre. Léonore, qui, après tant de fâcheux évenemens, en craignoit encore de nouveaux, y courut aussi avec précipitation. Ah! s'écria-t-elle en adressant la parole au Comte, voilà nos trois assassins. C'étoit effectivement eux, qu'une brigade de maréchaussée amenoit. Le Comte fit monter l'Exempt qui les commandoit, & lui demanda quels étoient ces Malheureux. » Monseigneur, lui ré-
» pondit-il, je n'en sçais rien encore;
» mais, autant que j'en puis juger, ce
» sont des assassins. Je revenois avec mes
» Cavaliers de Paris, où j'avois conduit
» des prisonniers, lorsque j'ai rencontré,
» à deux lieues d'ici, des chevaux qui
» traînoient une chaise toute brisée; cela
» m'a fait naître le soupçon qu'il étoit
» arrivé quelque malheur; je les ai fait
» arrêter & mettre au premier endroit,
» avec ordre à l'hôte de les représenter
» quand on les lui redemanderoit, &
» j'ai continué mon chemin. Un quart
» d'heure après, j'ai découvert, au clair
» de la lune, trois hommes à cheval assez
» éloignés, & qui couroient à toute
» bride. Cette vue a confirmé mon pre-
» mier soupçon; j'ai fait cacher mes Ca-
» valiers derriere les arbres, &, quand

» ces hommes ont été aſſez avancés ;
» nous ſommes tombés ſur eux le piſtolet
» à la main, en les menaçant de leur
» brûler la cervelle s'ils branloient. Je
» n'ai plus douté qu'ils n'euſſent aſſaſſiné
» quelqu'un, quand je les ai vus enſan-
» glantés. Je les ai fait lier & conduire à
» ce Village-ci, à l'entrée duquel j'ai
» trouvé un Domeſtique poignardé, &
» étendu mort ſur le pavé. Voilà, Mon-
» ſeigneur, ce que je puis vous dire de
» certain ſur ces gens-là ». Le Comte
le pria de les faire monter, afin qu'il les
interrogeât ; parce qu'il avoit été témoin
du crime qu'ils avoient commis, & qu'il
vouloit ſçavoir à quel deſſein, & à la
ſollicitation de qui ils l'avoient entrepris.
L'Exempt les fit monter. Le Comte
leur dit : » L'action que vous avez com-
» miſe il y a deux heures, mérite le plus
» cruel ſupplice ; mais je me fais fort de
» vous l'épargner, ſi vous voulez me
» confeſſer la vérité. Prenez donc garde
» d'être ſincères. Qui êtes-vous ? Pour-
» quoi avez-vous aſſaſſiné ce poſtillon ?
» Dans quel deſſein avez-vous cherché à
» enlever Mademoiſelle, en montrant
» Léonore ? A l'inſtigation de qui avez-
» vous fait vos efforts pour donner la

» mort au Cavalier qui l'accompagnoit ?
» Monſeigneur, répondit l'un d'eux,
» ſur l'aſſurance que vous voulez bien
» nous donner de nous ſauver la vie,
» que nous avons mérité de perdre,
» je vais vous dire la vérité, & j'oſe vous
» promettre que nous vivrons toujours
» dorénavant en honnêtes gens. Nous
» ſommes tous trois Porte-faix : ce matin,
» un homme qui nous a rencontrés, &
» qui nous eſt inconnu, nous a offert
» une ſomme d'argent conſidérable, à
» condition que nous irions en poſte ſur
» cette route-ci, arrêter une chaiſe dans
» laquelle nous trouverions un jeune
» homme & une Demoiſelle dont il
» nous a fait le portrait. Il nous a dit
» auſſi qu'ils n'avoient avec eux qu'un ſeul
» Domeſtique ; qu'il nous ſeroit très-fa-
» cile de tuer ce Laquais & le jeune
» homme, & de ramener la Demoiſelle
» à l'endroit qu'il nous indiquoit. Le
» tems preſſoit, les chevaux de poſte
» étoient prêts, il falloit vîte ſe détermi-
» ner ; il nous offroit dix louis d'or d'ar-
» rhes ; il en faiſoit briller à nos yeux
» bien davantage. Nous nous trouvions
» dans une grande miſere ; l'occaſion
» nous a tentés ; nous avons accepté ſa

» proposition, & sur l'heure, nous som-
» mes partis pour l'exécuter; vous sça-
» vez le reste, Monseigneur. Voilà ce à
» quoi l'occasion & la misere nous ont
» déterminés, plutôt que l'inclination au
» crime ». Le Comte les fit retirer, & dit à l'Exempt que, de très-honnêtes gens se trouvant intéressés dans cette affaire, il le prioit de laisser aller ces misérables pour ne point déshonorer une famille qui tient un rang honorable dans le monde. L'Exempt lui répondit qu'il voudroit bien pouvoir faire ce qu'il exigeoit de lui; mais qu'il avoit trop lieu de craindre de se faire de mauvaises affaires. Le Comte l'assura qu'il n'avoit rien à appréhender, & qu'il prendroit tout sur son compte. L'Exempt balançoit; Léonore joignit ses instances à celles du Comte, & offrit à l'Exempt une bourse de cent louis qui le détermina. Il lâcha donc les prisonniers : le Comte lui promit de nouveau de le décharger, en prévenant son Prévôt Général, puis il le congédia. Comme il étoit tard, & que chacun se disposoit à s'aller coucher, Léonore pria le Comte & la Comtesse de permettre qu'elle couchât dans leur chambre, parce qu'ayant éprouvé tant

de fâcheux accidens depuis peu, elle craignoit qu'il ne lui arrivât encore quelque nouvelle cataſtrophe; ils y conſentirent volontiers & ſe coucherent.

Dès le lever de l'aurore, Léonore, pleine d'impatience d'apprendre des nouvelles de la ſanté de ſon cher de la Grange, ſe leva, & alla le voir : elle le trouva bien rétabli. Il avoit aſſez bien dormi pendant la nuit, & il étoit en état de ſe lever. Elle lui fit part de ce qui s'étoit paſſé la veille au ſujet des aſſaſſins, & lui fit le détail de toutes les attentions & les marques de générosité qu'elle avoit reçues du Comte & de ſon épouſe. Elle ſe retira enſuite pour lui laiſſer la liberté de ſe lever; il ne tarda guere à la ſuivre dans la chambre de ce Seigneur, qu'il remercia dans les termes les plus vifs, de ſes ſoins généreux, & de la part qu'il vouloit bien prendre à leurs infortunes. La converſation roula enſuite ſur différens ſujets. Monſieur de la Grange y fit paroître tant de modeſtie, de politeſſe & d'eſprit, que le Comte reconnut que Léonore n'avoit point exageré le portrait qu'elle lui en avoit fait. Il ſe ſentoit de plus en plus porté d'inclination à les obliger en tout ce qui dépendroit de lui, &

desiroit contribuer à l'union d'un couple si accompli. Il leur proposa donc de retourner avec lui à Paris, afin d'y travailler efficacement, & donna promptement ses ordres pour le départ. Tout étant prêt, il monta en carosse avec la Comtesse & ces deux Amans. Ce Seigneur & son épouse, chacun de leur côté, faisoient tout leur possible pour les égayer & leur faire oublier leurs infortunes par l'espérance d'une prompte félicité. Dès qu'ils furent arrivés à Paris, le Comte, avant de vaquer à ses propres affaires, voulut s'employer à leur prouver, par des effets, la sincérité des offres de services qu'il leur avoit faites. Il voulut même se donner la peine d'aller trouver l'oncle de Léonore, pour lui reprocher ses crimes, & tâcher de le ramener aux sentimens d'honneur, de raison & d'humanité; mais il apprit, en entrant chez lui, qu'il venoit d'expirer. Il fut charmé d'apprendre que la cause de sa mort étoit ignorée de tout le monde, excepté de Cécile & de l'autre fille. Cette mort leva tout d'un coup les obstacles qui s'opposoient à l'hymen de Léonore & de Monsieur de la Grange, qui fut célébré, à la satisfaction de ces deux Amans, du

Comte & de la Comtesse, aussi-tôt que le tems du deuil fut passé. Pour engager Cécile & l'autre fille au silence, Léonore leur pardonna le mal qu'elles lui avoient fait, & les prit à son service.

Le Comte, après avoir suivi les mouvemens de sa générosité envers ces deux Amans, s'appliqua aux affaires qui avoient demandé sa présence à Paris. Lorsqu'elles furent terminées, il s'adonna tout entier au plaisir de faire élever sous ses yeux le jeune Léonce (c'est ainsi que s'appelloit son fils) & la belle Sylvie. Il leur donna des Maîtres pour les former dans toutes les Sciences qui font partie de l'éducation des jeunes gens de la premiere condition, & il eut la satisfaction de les voir y faire des progrès surprenans. Sylvie, sur-tout, avoit une pénération merveilleuse; il suffisoit de lui montrer une fois une chose, pour qu'elle la saisît parfaitement. Toutes les connoissances qui tendent à orner l'esprit & à le rendre solide, ne lui coûtoient aucune peine, de façon qu'à treize ou quatorze ans, elle possédoit dans le degré le plus parfait, tout ce que peut sçavoir une Demoiselle destinée à tenir un rang brillant dans le monde.

Léonce, de son côté, piqué d'une noble emulation, par la facilité admirable avec laquelle Sylvie réussissoit, faisoit les plus grands efforts pour ne lui céder en rien, & pour suppléer, par son application à l'étude, à ce qui lui manquoit du côté de la conception qu'il avoit un peu moins pénétrante.

Dès le premier instant que ces deux aimables enfans s'étoient vus, la sympathie avoit agi si puissamment sur eux, qu'ils s'étoient liés de la plus étroite amitié. Cette amitié se fortifiant à mesure que l'âge & la raison les formoient, devint insensiblement un attachement sérieux, qui servoit d'aiguillon à Léonce, pour l'engager à travailler sans relâche à se rendre de plus en plus digne de Sylvie.

Dans les commencemens, ce n'étoit qu'une liaison que le rapport d'humeurs, d'inclinations, d'occupations & d'âge, forme ordinairement entre les enfans. Léonce, un peu plus âgé que Sylvie, avoit mille attentions pour elle, & s'attachoit en tout à prévenir ses desirs. Remarquant le penchant qu'elle avoit à l'étude & à la lecture, il s'y adonnoit tout entier pour lui plaire. On les trouvoit ſouvent tous deux ſeuls dans une allée du jardin avec un livre, ſe communiquant mutuellement les réflexions que leur lecture leur donnoit lieu de faire. On étoit dans le dernier étonnement de voir des enfans de cet âge (car Léonce n'avoit pas plus de douze ans alors, & Sylvie dix) s'adonner à des occupations ſi utiles, & avoir le jugement ſi mûr & ſi ſenſé. Le Comte & la Comteſſe étoient ravis de les voir ſi unis, & encore plus de ce que leur union contribuoit ſi fort à les perfectionner. C'étoit inutilement que, pour faire diverſion à des occupations ſi ſérieuſes, on les engageoit à ſe livrer aux amuſemens & aux plaiſirs que les enfans de cet âge recherchent avec tant d'ardeur. Ils ne trouvoient de ſatisfaction que quand ils étoient enſemble, & ne pouvoient goûter des divertiſſemens qui les auroient ſéparés, ou du moins qui les auroient empêché de s'ouvrir leurs cœurs ſans réſerve. L'âge & la raiſon augmentant en eux, le penchant qu'ils ſe ſentoient l'un pour l'autre prenoit de nouvelles forces : ils commencerent à réfléchir ſur les divers mouvemens dont leurs cœurs étoient agités ; ils ne pouvoient comprendre la cauſe du trouble, des agitations, & de mille autres ſenſations qu'ils éprouvoient : ils étoient occupés nuit & jour l'un de l'autre. Quand ils étoient quelque tems éloignés, ils brûloient d'impatience de ſe réunir, & quand ils ſe revoyoient, leur ame étoit affectée d'un ſentiment délicieux.

Cependant la gaieté & l'aimable liberté étoient bannies de leurs converſations ; ils avoient mille choſes à ſe dire, & ils n'oſoient ouvrir la bouche ; des regards tendres & languiſſans étoient leurs ſeuls interpretes ; ils reſtoient quelquefois des heures entieres aſſis dans les quinconces du jardin, ſans proférer une ſeule parole. Malgré cela, ils trouvoient un plaiſir infini à être enſemble ainſi ſolitaires ; & quand la bienſéance les obligeoit à ſe trouver dans les compagnies qui venoient preſque tous les jours à l'Hôtel, ils devenoient triſtes & rêveurs, & ſouffroient une contrainte trop violente pour la pouvoir cacher : on ſe plaiſoit à leur en faire la guerre, & on ſe divertiſſoit de l'embarras où les mettoient les reproches qu'on leur en faiſoit. Le Comte & la Comteſſe qui ne pouvoient ſoupçonner que Léonce, à quatorze ans, & Sylvie à douze, reſſentiſſent déja les effets de l'amour, leur diſoient ſouvent que leur application à l'étude, & leur amour pour la ſolitude étoient louables; mais que toutes choſes devoient avoir des bornes; qu'ils n'étoient pas nés pour paſſer leur vie dans la retraite des Cloîtres; qu'ils commençoient à être dans un âge où ils devoient ſe former aux manieres & aux uſages du grand monde; qu'ainſi, ils feroient bien mieux de ſe mêler dans les compagnies & les converſations, que de reſter ſeuls à ſécher ſur des livres comme ils faiſoient. Ces exhortations n'avoient juſqu'alors produit aucun effet; on n'employoit pas l'autorité pour les forcer à s'y prêter, parce qu'étant ſi jeunes, ils avoient encore le tems de faire leur entrée dans le monde. Léonce & Sylvie, profitant de l'indulgence qu'on avoit pour eux, ne ſe quittoient que le moins qu'ils pouvoient. Dès le matin, Léonce ſe rendoit dans la chambre de Sylvie; ils employoient la matinée à deſſiner ou à jouer enſemble de quelqu'inſtrument. Après le dîner ils alloient s'aſſeoir à l'ombre dans le jardin avec un livre qui leur ſervoit peu, puiſque leur principale occupation étoit de ſe regarder tendrement & en ſilence. Il y avoit déja long-tems que ces jeunes Amans passionnés au dernier degré, sans sçavoir précisément de quelle nature étoit le sentiment qu'ils éprouvoient, n'osoient s'expliquer sur ce qui se passoit dans leurs ames, lorsqu'un accident leur donna occasion de s'en instruire, & fit ouvrir les yeux à ceux qui avoient intérêt d'approfondir leurs cœurs.

Un jour qu'ils étoient assis sur un riant tapis de verdure, Sylvie apperçut un gros serpent qui, sortant d'un buisson de charmille, venoit droit à elle. A cet horrible aspect, elle jetta un grand cri & voulut fuir, mais en vain; la crainte l'avoit si fort saisie, qu'elle tomba évanouie. Léonce, allarmé du cri de sa chere Sylvie & de son évanouissement, se leve avec précipitation, & cherche des yeux ce qui pouvoit en être cause. Il voit le monstre qui étoit prêt à se jetter sur elle; il frémit à cette vue, &, sans envisager le danger évident auquel il s'expose, il saute sur cet affreux reptile, & l'empoigne avec les deux mains, un peu au-dessous de la tête. Le monstre, se sentant fortement pressé, pousse d'horribles sifflemens, & s'agite avec violence pour se dégager: Léonce ne lâche pas prise. Le serpent, sentant l'impossibilité où il est de se débarrasser, l'enveloppe des replis tortueux de sa longue queue, dont le dernier tour le serroit extraordinairement à la gorge. Ce jeune Amant en eût été infailliblement suffoqué, si un Jardinier, qui avoit entendu les cris de Sylvie & les sifflemens du serpent, ne fût accouru. Il coupa promptement la tête de ce monstre, & dégagea ainsi son Maître du corps mourant de ce reptile; mais Léonce, épuisé par les prodigieux efforts qu'il avoit faits, & presque suffoqué par l'haleine empoisonnée de ce monstre, & par la violence avec laquelle il en avoit été serré, tomba sans mouvement & presque sans vie.

Le Jardinier, excessivement affligé, vole à l'Hôtel pour avertir le Comte & la Comtesse de cet accident, & demander du secours. Pendant cet intervalle, Sylvie revenue de son évanouissement, voyant le monstre tué & Léonce étendu sur l'herbe sans mouvement, crut qu'en la défendant, il avoit perdu la vie. Ce fut alors qu'elle sentit plus vivement que jamais, combien cet aimable jeune homme lui étoit cher; elle se jetta sur le corps froid de Léonce, tâcha de le rappeller à la vie par l'ardeur de ſes baiſers, & baigna ſon viſage de larmes, en pouſſant les plaintes les plus pitoyables & les plus tendres. » Cher Léonce, s'écrioit-» elle, c'eſt donc pour me conſerver la » vie que tu as perdu la tienne ! Ah ! » puis-je douter, après un tel ſacrifice, » de tes ſentimens pour moi ? Quelle au-» tre cauſe que l'amour eſt capable de » produire des effets ſi extraordinaires ? » Non ; il n'y a que lui qui puiſſe t'avoir » inſpiré tant de courage & un ſi géné-» reux mépris de la vie, comme il eſt » le ſeul qui puiſſe exciter dans mon » cœur des regrets auſſi vifs que le ſont » ceux que ta mort me cauſe. Mais crois-» tu, cher Amant, que je t'aime moins » que tu m'as aimée ? Crois-tu que je » puiſſe ſupporter la vie que tu m'as con-» ſervée aux dépens de la tienne ? Non, » cher Léonce, & ſi je ne trouve plus » de monſtres pour me la ravir, l'amour » me fournira d'autres moyens de te ſui-» vre & de me réunir pour toujours à ta » chere ombre ». Léonce, rappellé à la vie par des plaintes ſi touchantes, ouvrit les yeux, & d'une voix foible & mourante : » Vivez, lui dit-il, ma chere » Sylvie : pour moi je meurs content,

» puiſque j'emporte en mourant la con-
» ſolation d'apprendre que vous m'ai-
» mez. Je me doutois depuis long-tems
» que mes ſentimens pour vous n'étoient
» autre choſe que l'amour le plus vif; ma
» jeuneſſe & mon défaut d'expérience
» me fermoient la bouche ; cet acci-
» dent nous inſtruit tous deux de ce que
» nous ſentions réciproquement. Je me
» crois trop heureux d'avoir pu, au prix
» de ma vie, ſauver la vôtre, & vous
» donner la plus grande preuve d'amour
» qu'un Amant puiſſe.... ». Il ne put achever; ſes yeux ſe refermerent, & la pauvre Sylvie, qui avoit été ravie de voir ſon cher Léonce qu'elle croyoit mort, ouvrir les yeux & lui parler, retomba dans une douleur ſi exceſſive, qu'elle perdit une ſeconde fois le ſentiment, & reſta ſans mouvement ſur le corps de Léonce.

Cependant le Comte & la Comteſſe accoururent au jardin auſſitôt qu'ils eurent été avertis de cet accident par le rapport du Jardinier. Comme ils furent obligés, pour aller à eux, de traverſer une allée aſſez longue, garnie d'une épaiſſe paliſſade de charmille, derriere laquelle ils étoient, ils entendirent une partie des tendres plaintes de Sylvie, & de la réponse que Léonce lui avoit faite. Ils furent dans le dernier étonnement d'apprendre qu'à un âge si peu avancé, ils fussent susceptibles d'un amour si violent. Cette passion les affligea, parce qu'elle étoit entierement contraire aux vues qu'ils avoient sur Léonce; mais ils furent dans une affliction incomparablement plus vive, quand ils les virent tous deux, auprès du monstre mort, sans aucun signe de vie. Ils les firent transporter chacun dans leur appartement, & leur firent donner les secours les plus prompts & les plus efficaces. Sylvie, qui n'avoit d'autre mal que la douleur que l'état de Léonce lui avoit causée, revint bientôt. Dès qu'elle eut ouvert les yeux, son premier soin fut de demander des nouvelles de ce tendre Amant, & peu de tems après, se trouvant entierement remise, elle se leva promptement, & courut dans l'appartement de Léonce. On avoit eu toutes les peines du monde à lui faire reprendre le sentiment, & ce ne fut qu'après lui avoir fait avaler les contrepoisons les plus subtils, qu'il revint entierement à lui. Il ouvroit pour la premiere fois les yeux, quand Sylvie entra.

Cette vue contribua plus à le rappeller à la vie, que tous les ſoins des Médecins qu'on avoit appellés. Cette tendre Amante, ſans réfléchir à ſa démarche, & ſans faire attention que le Comte & la Comteſſe étoient préſens, ſe jetta au col de Léonce, en l'embraſſant avec tranſport.
» Que je ſuis charmée, lui dit-elle, de
» vous voir échappé à la mort! Quelles
» obligations ne vous ai-je pas de m'en
» avoir délivrée moi-même! Que ce
» bienfait m'eût été funeſte, s'il avoit été
» ſuivi du trépas de mon cher Léonce!
» Non, je n'aurois pu vous ſurvivre un
» ſeul moment, & l'amour m'auroit
» donné aſſez de courage pour me dé-
» barraſſer d'une vie qui m'auroit été
» inſupportable ſans vous. Oui, cher
» Léonce, l'amour m'auroit... Elle alloit continuer, quand Léonce, l'embraſſant tendrement, l'obligea de ſe modérer, en lui faiſant appercevoir le Comte & la Comteſſe qui l'entendoient. Sylvie, réfléchiſſant auſſitôt ſur ce que l'excès de ſa paſſion venoit de lui faire dire, rougit, & ſe retira ſi confuſe, qu'elle oſoit à peine lever les yeux. Dès qu'on eut donné à Léonce tous les ſoulagemens néceſſaires, on le laiſſa ſeul avec un Domeſtique

pour le ſoigner, parce que les Médecins avoient recommandé qu'on le laiſſât repoſer.

Le Comte & la Comteſſe, frappés au dernier point de la paſſion de leur fils, emmenerent Sylvie dans leur appartement, & en ayant fait ſortir tout le monde, le Comte lui parla ainſi : » Vous » ſçavez, ma chere enfant, la tendreſſe » que mon épouſe & moi vous avons té- » moignée depuis que vous êtes avec nous. » Nous n'avons mis aucune différence » entre Léonce & vous. Enfin, nous vous » avons chérie autant que ſi vous euſſiez été » notre propre fille ; auſſi vous avouerai-je » que la maniere dont vous avez payé nos » ſoins, nous en a bien dédommagés. Vou- » driez-vous aujourd'hui, ma chere fille, » vous démentir ? Non, ſans doute, vous » avez trop de ſageſſe ; vous renoncerez » facilement à une paſſion frivole, quand » je vous en aurez fait connoître le dan- » ger. A Dieu ne plaiſe que je veuille » vous faire un reproche de l'incertitude » de votre naiſſance ; mais, ma fille, je » vous crois trop raiſonnable pour ne pas » ſentir que cette incertitude-là même » eſt un obſtacle à votre hymen avec mon » fils : vous avez trop de ſentimens pour

» l'aimer ou souffrir qu'il vous aime dans » d'autres vues : je vois même avec plai- » sir que cette seule réflexion vous fait » rougir. Ainsi, je présume que vous » mettrez tous vos soins à vous guérir » d'une passion qui, sans vous rendre heu- » reuse, nous causeroit bien du chagrin, » & seroit préjudiciable à Léonce. Je » sçais qu'il vous en coûtera un peu; mais, » ma chere Sylvie, je vous donne ma » parole de vous en dédommager, en » vous établissant d'une façon si avanta- » geuse, que votre situation sera digne » d'envie ». Sylvie répondit avec une noble fierté, qu'elle sentoit vivement les obligations infinies qu'elle leur avoit, & qu'elle ne feroit jamais rien qui fût contraire à la reconnoissance dont elle étoit pénétrée jusqu'au fond de l'ame; qu'elle les prioit de vouloir bien lui continuer les mêmes bontés : qu'à l'égard de sa naissance, tout ce qu'elle en avoit appris lui donnoit lieu de penser qu'elle n'étoit point issue d'un sang dont elle pût rougir, & qu'elle espéroit que le Ciel, fléchi par l'ardeur & par l'innocence de ses vœux, lui feroit un jour la grace de lui découvrir les auteurs de sa vie; ensuite elle se retira dans son appartement. Cette réponse ne ſatisfit pas beaucoup le Comte & la Comteſſe : ils prévoyoient bien qu'il ne leur ſeroit pas aiſé de détruire une paſſion qui s'étoit fomentée depuis ſi long-tems. Ils conſulterent donc enſemble ſur les moyens d'y remédier ; ils n'en trouverent pas de plus sûr que d'éloigner Léonce. La tendre jeuneſſe de ces Amans ne leur permettoit pas de douter que l'abſence & le tems n'affoiblît l'amour en leur cœur, & ne l'en bannît même entierement. Ils réſolurent auſſi que, pendant que Léonce ſeroit éloigné, ils feroient tous leurs efforts pour engager Sylvie à épouſer un des Amans que ſes charmes ne manqueroient pas d'attirer ; que quand elle ſeroit mariée, ils rappelleroient ſans danger leur fils. Ainſi, malgré la tendreſſe qu'ils ſe ſentoient pour lui, ils prirent le parti de le mettre au ſervice, auſſi-tôt qu'il ſeroit rétabli, & de l'envoyer en Italie, qui pour lors étoit le théâtre de la guerre. Cette réſolution leur parut d'autant plus ſage, que Léonce ne pourroit, avec honneur, refuſer un état auquel ſa naiſſance ſembloit l'appeller indiſpenſablement.

Cependant Léonce, qui craignoit pour Sylvie, après l'imprudence qu'elle avoit eue de faire éclater ſon amour devant le

Comte, ordonna au Domeſtique qu'on avoit laiſſé auprès de lui, de s'informer de ce qu'elle étoit devenue. Ce garçon, qui le ſervoit avec beaucoup d'affection, lui rapporta que le Comte & la Comteſſe l'avoient emmenée dans leur appartement, qu'ils lui avoient parlé aſſez long-tems ſans témoins, & qu'elle en étoit ſortie fort triſte pour ſe retirer dans ſon cabinet, où elle étoit encore. Léonce envoya la prier de vouloir bien ſe donner la peine de le venir voir, en s'excuſant de ne pouvoir l'aller trouver lui-même, ſur l'état où il étoit. Elle s'y rendit à l'inſtant, & l'abordant, les larmes aux yeux : Cher Léonce, lui dit elle, on veut me forcer à ne vous plus aimer ; mais, c'eſt une choſe qui n'eſt pas en mon pouvoir, & quand je le pourrois, je ne m'y réſoudrois jamais. Il me ſeroit plus facile de mourir, que de me faire une violence ſi cruelle. Elle lui raconta enſuite la converſation qu'elle avoit eue avec le Comte. Chere Sylvie, lui répondit Léonce, il n'y a pas tant de mal que je le craignois ; &, pourvu que nous ſçachions un peu feindre, il ne nous ſera pas difficile de perſuader à mon pere que nous avons ceſſé de nous aimer. A l'aide de cette feinte, nous retarderons les moyens violens qu'on pourroit employer pour nous désunir, & le tems, qui est le maître des évenemens, fera peut-être naître des circonstances qui nous seront favorables. Non, cher Léonce, répondit Sylvie, qui d'un coup d'œil avoit prévu tout ce qui en pourroit résulter ; non, ne nous flattons pas de pouvoir en imposer à des yeux aussi pénétrans que le sont ceux du Comte. Il est généreux ; mais il est trop jaloux de la gloire de son sang, pour ne pas mettre tout en usage, afin d'empêcher une union que l'incertitude de ma naissance lui fait regarder comme déshonorante. Ainsi je m'attends à me voir enfermée dans un Couvent, ou qu'on vous éloignera, en vous envoyant à l'armée, ou en vous faisant voyager. Que mon pere est injuste, s'écria Léonce, de regarder l'incertitude de votre naissance comme une tache à notre Maison! Mais, que dis-je? chere Sylvie! Elle n'est point équivoque. On ne peut douter que vous ne soyez issue du plus pur sang de France. Quand il n'y auroit pas des indices qui le font soupçonner, vos sentimens seuls en sont la preuve la plus complette. Mais, en supposant (ce qui n'est pas) que vous fussiez sortie d'un ſang obſcur, votre mérite ne doit-il pas vous tenir lieu de tout, & la nobleſſe de votre cœur ne doit-elle pas ſuppléer en vous à celle du ſang, qui ſouvent n'eſt fondée que ſur des titres qui déshonorent l'humanité? Je conviens, cher Léonce, répondit Sylvie, que les ſentimens ſont préférables à l'éclat emprunté d'une naiſſance illuſtre; mais il faut être entierement dégagé de préjugés pour le ſentir. Ainſi, je ne dois point me flatter de me rendre le Comte favorable, tant que cette incertitude ſubſiſtera. Je dois, au contraire, employer tout le crédit que je puis avoir ſur votre eſprit, pour vous engager à entrer dans ſes vues. Je ſerois même indigne de votre eſtime, ſi, préférant mon intérêt au vôtre, je vous inſpirois des ſentimens oppoſés à la ſoumiſſion que vous devez aux volontés d'un pere. Conformez-vous-y, cher Léonce; ceſſez de m'aimer; éloignez-vous de moi; formez un engagement ſortable à votre condition & à votre bien. Je vous verrai heureux ſans jalouſie; votre contentement ſera même un adouciſſement à la douleur que je ſentirai toute ma vie, de ce que le deſtin ne m'a pas rendu digne de vous; & ſi je dois me promettre quelque plaiſir pendant le cours de mes malheureux jours, ce ſera celui de vous aimer avec la même ardeur juſqu'à ce que les Parques en tranchent le fil infortuné. » Ah! chere Sylvie, que me dites-vous, » s'écria Léonce? Eſt-il poſſible que ce » ſoit vous qui me donniez un ſi funeſte » conſeil? Cruelle! ordonnez-moi plutôt de mourir, il me ſera plus aiſé de » vous ſatisfaire. Si vous m'aimiez, pourriez-vous me tenir un diſcours ſi affligeant? Non, chere Sylvie, jamais je » ne ceſſerai de vous aimer. Mon pere » pourra m'éloigner, il pourra même, » s'il le veut, employer contre moi des » remedes encore plus violens. Il ne réuſſira jamais à ébranler ma conſtance. » Enfin, chere Sylvie, je vous jure par » tout ce qu'il y a de plus ſacré, de vous » être fidèle juſqu'à la mort. Si, comme » vous venez de me faire la grace de m'en » aſſurer, votre cœur conſerve pour moi » conſtamment les mêmes ſentimens dont » il eſt actuellement pénétré, il viendra » un jour heureux auquel, maître de mes » volontés, je pourrai remplir la parole » irrévocable que je vous donne aujourd'hui de n'être qu'à vous ». Sylvie, charmée au fond de l'ame de ces tendres aſſurances

aſſurances, n'inſiſta plus de peur d'affliger cet Amant paſſionné. Tant qu'il fut obligé de garder le lit, elle s'y rendoit le plus ſouvent qu'il lui étoit poſſible, ſans être apperçue du Comte & de ſon épouſe. Ces momens précieux étoient toujours employés à ſe jurer de s'aimer éternellement, & de ſurmonter, par leur conſtance, tous les coups qu'ils prévoyoient qu'on alloit leur porter : quoique Sylvie eût promis au Comte de ne rien faire qui dérogeât à la reconnoiſſance qu'elle lui devoit, elle ſuivoit néanmoins le penchant de ſon cœur. Cette eſpece de perfidie lui cauſoit les remords les plus cuiſans; mais ſa paſſion étoit trop forte pour que rien pût l'affoiblir ; elle ſentoit d'ailleurs, au fond de ſon ame, un je ne ſçais quoi qui l'aſſuroit que ſa naiſſance ne cédoit en rien à celle de Léonce. Elle avoit un fort preſſentiment d'en être un jour éclaircie, & ces réflexions modéroient un peu ſa douleur.

D'un autre côté, la préſence de Sylvie & les promeſſes qu'elle lui avoit mille fois réitérées de ne contracter jamais d'engagement, quelque violence qu'on pût lui faire, ayant contribué à la guériſon de ſon cher Léonce, il ſe trouva, au bout de quelques jours, entierement rétabli. Le Comte lui laissa quelques semaines, pour réparer plus parfaitement sa santé, avant de lui faire l'ouverture de la résolution qu'il avoit prise avec la Comtesse son épouse. Ce tendre Amant, étonné & ravi de voir qu'on le laissoit si tranquille, en témoignoit sa satisfaction à Sylvie; mais cette pénétrante Demoiselle, que l'amour rendoit encore plus prévoyante, craignoit toujours que ce calme ne fût pas de longue durée. Elle lui disoit même qu'elle pensoit qu'on ne lui parloit de rien, parce qu'étant récemment relevé de maladie, on ne vouloit pas l'attrister, de peur de nuire à sa santé, & que, quand on croiroit n'avoir plus rien à appréhender de ce côté-là, on ne le ménageroit plus.

En effet, le Comte fit venir bien-tôt après Léonce dans son appartement, & lui tint ce discours: » J'ai tout lieu, » mon fils, d'être satisfait de l'application » que vous avez apportée à profiter des » soins que je me suis donnés pour votre » éducation, & je vous vois avec plaisir » en état de me faire honneur dans les » postes où vous pourrez être appellé. » Vous sçavez, mon fils, de qui vous te- » nez le jour, & à quelle Maison vous

» appartenez, tant du côté de votre mere » que du mien. Cette connoissance doit » exciter votre courage, & vous faire » comprendre que vous n'êtes pas né pour » passer votre jeunesse dans une vie molle » & efféminée. A votre âge, j'avois déja » fait plus d'une campagne. Ainsi je crois, » mon fils, que vous me sçaurez bon gré » de vous avoir acheté une Compagnie » de Cavalerie dans le Régiment de.... » & de vous fournir, par cette attention, » matiere à exercer la valeur qui doit être » le partage des jeunes gens de votre con- » dition. La guerre d'Italie est un champ » vaste, qui vous procurera les occasions » de vous distinguer avantageusement. Je » vous mettrai en état d'y figurer d'une » façon conforme à votre naissance. J'ai » déja fait préparer vos équipages, de » sorte que vous pourrez partir dès après » demain, afin de pouvoir joindre votre » Régiment avant l'ouverture de la cam- » pagne, qui se doit faire incessamment. » Employez donc, mon fils, le peu de » tems que vous avez à faire vos adieux ». Léonce remercia le Comte de ses soins, & l'assura qu'il obéiroit ponctuellement à ses ordres. Puis ne pouvant plus cacher le trouble où l'avoit jetté ce discours, il le quitta, ſous prétexte d'aller commencer à arranger ſes affaires, afin que rien ne l'empêchât, le jour ſuivant, de prendre congé des perſonnes de ſa connoiſſance. Il ſe rendit promptement à l'appartement de Sylvie; il la trouva avec Tonton. La préſence de cette femme l'embarraſſa ſi fort, qu'il n'oſa pas faire part à Sylvie, devant elle, de l'ordre qu'il venoit de recevoir du Comte. Sylvie le voyant extrêmement triſte, jugea qu'il lui étoit arrivé quelque choſe de nouveau; mais remarquant l'embarras où le mettoit Tonton, devant laquelle il craignoit de s'expliquer: N'appréhendez pas, lui dit elle, mon cher Léonce, de vous ouvrir devant ma bonne maman (c'eſt ainſi qu'elle appelloit toujours Tonton): loin de traverſer notre amour, je ſuis sûre qu'elle nous aidera en tout ce qu'elle pourra. Je lui ai déja fait confidence de notre tendreſſe mutuelle; elle y prend beaucoup de part, & m'a promis de nous ſervir. J'eſpere qu'elle nous ſera d'un grand ſecours pour prendre de juſtes meſures dans les circonſtances préſentes; car la triſteſſe que je lis dans vos yeux, m'annonce que vous avez de fâcheuſes nouvelles à m'apprendre. » Vous ne vous trompez pas,

» chere Sylvie, s'écria Léonce ; il faut » que je vous quitte. Je n'ai plus qu'un » jour à jouir du plaiſir charmant de vous » voir. Quelle fatale néceſſité » ! Il lui rapporta enſuite, mot pour mot, le diſcours du Comte. Sylvie fut dans le dernier chagrin d'un départ ſi précipité. Elle ne put même retenir ſes larmes. Léonce, la voyant dans un ſi triſte état, lui proteſta qu'il ne pouvoit ſe réſoudre à s'éloigner d'elle ; qu'il étoit réſolu de chercher quelque prétexte pour s'en diſpenſer, & qu'en attendant qu'il en eût trouvé un, il feindroit une maladie qu'il feroit traîner en longueur autant qu'il le jugeroit néceſſaire. » Non, cher Léonce, lui dit » Sylvie, non ; il faut que vous partiez : » votre naiſſance & votre honneur vous » appellent. Je ne mériterois pas d'être ai» mée de vous, ſi le plaiſir que j'ai de vous » voir me faiſoit retarder d'un ſeul mo» ment une démarche où il y va de votre » gloire. Partez, cher Léonce ; toute la » grace que je vous demande, c'eſt de ne » point oublier les ſermens que je vous ai » faits de vous aimer avec la même ar» deur juſqu'au dernier ſoupir. Cette aſſu» rance vous fera ſupporter plus conſtam» ment les rigueurs d'une ſi longue & ſi

» cruelle abſence. De mon côté, je n'au- » rai d'autre conſolation que de penſer » que vous conſerverez toujours pour moi » les mêmes ſentimens ». Ces tendres Amans ſe firent, dans les termes les plus touchans, mille proteſtations de s'aimer toujours, quelques efforts qu'on pût faire pour les déſunir. Enſuite ils penſerent aux moyens de ſe donner avec ſûreté réciproquement de leurs nouvelles, Tonton leur offrit pour cela ſes ſervices. J'ai, dit-elle, renouvellé connoiſſance, depuis que je ſuis à Paris, avec une femme que j'ai connue dans ma jeuneſſe à Rouen : elle étoit du même quartier que moi, & à peu près du même âge; nous avons été élevées enſemble & liées d'amitié. J'ai été charmée de la retrouver à Paris bien établie : je lui ai fait le récit de mes infortunes, elle y a été très-ſenſible. Ainſi nous avons renoué notre ancienne amitié, & je puis compter ſur ſa diſpoſition à m'obliger & ſur ſa diſcrétion. Voici ſon adreſſe, dit-elle auſſi-tôt à Léonce : vous pouvez envoyer vos lettres ſans rien craindre à cette perſonne ; je la préviendrai ; elle me les remettra, & je me chargerai de vous faire tenir celles de ma chere fille. Léonce remercia Tonton, & lui promit de lui en marquer un jour sa reconnoissance. Ces arrangemens modérerent un peu la douleur de ces tendres Amans. Léonce employa la journée suivante à faire ses adieux dans la famille, & le moment du départ étant arrivé, il quitta sa chere Sylvie, sans faire éclater la douleur amere qu'une si cruelle séparation lui causoit, la présence du Comte & de la Comtesse l'obligeant à se contraindre ; mais il ne les eut pas plutôt perdus de vue qu'il s'y abandonna tout entier. Ses gens, qui le voyoient dans la derniere désolation, n'osoient entreprendre de le consoler. Ils étoient eux-mêmes extrêmement affligés de l'état où ils voyoient leur maître. Enfin, jamais on n'a fait un voyage si triste. Plus Léonce s'éloignoit de Sylvie, plus son chagrin augmentoit, de sorte que, quand il joignit son Régiment, qui étoit sur la frontiere méridionale du Royaume, il étoit si pâle & si abattu, qu'on crut qu'il relevoit d'une grande maladie.

De son côté, Sylvie n'étoit pas plus tranquille. Aussi-tôt après le départ de Léonce, elle s'étoit retirée dans sa chambre pour donner un libre cours à ses larmes. Tonton s'employoit avec tout le zèle & la tendresse possibles à modérer ſa douleur ; mais tous ſes ſoins furent inutiles : elle tomba même malade. Le Comte & la Comteſſe, qui l'aimoient véritablement, en furent allarmés : ils la firent ſoigner avec une attention ſans égale. La Comteſſe ſur-tout ne la quittoit preſque pas, & comme elle ſe reprochoit d'être la cauſe de l'état où ſe trouvoit cette charmante Demoiſelle, elle redoubloit ſes careſſes pour réparer, en quelque façon, le mal qu'elle s'étoit cru obligée de lui faire. Sylvie étoit ſenſible aux tendres marques d'amitié que la Comteſſe lui donnoit ; mais comme ſa maladie étoit d'une nature à ne pouvoir recevoir de ſoulagement que de la part de celui dont l'éloignement l'avoit cauſée, elle ne pouvoit attendre ſa guériſon que de ce cher Amant. Tonton la lui apporta quelques jours après, en lui remettant une lettre de Léonce. Sylvie l'ouvrit avec précipitation, & y lut ces mots :

Quoique je préviſſe, adorable Sylvie, que j'aurois beaucoup à ſouffrir d'être éloigné de vous, ce n'étoit rien en comparaiſon de ce que j'éprouve actuellement. Depuis l'inſtant funeſte auquel je vous ai quittée, la vie m'eſt inſupportable ; le ſommeil ne peut plus trouver accès auprès de moi, & je ne me rendrois jamais aux instances que mes gens me font de prendre un peu de nourriture, si je ne craignois que ma mort n'augmentât la douleur où je vous crois plongée. Cette seule considération m'empêche de m'abandonner aux extrémités où mon désespoir me porteroit infailliblement. N'attendez pas, chere Sylvie, que je vous rapporte les circonstances de mon voyage, ni que je vous fasse la description des lieux par où j'ai passé. Votre chere image m'a si fort occupé, que je n'ai vu que vous : tout autre objet m'a été entierement indifférent. L'accueil favorable que j'ai reçu de tous les Officiers de mon Corps, n'a pu faire diversion à ma profonde mélancolie : les visites que la bienséance m'a obligé de faire & de recevoir, ont été pour moi un supplice, puisqu'elles m'ont forcé à cesser, pour quelques momens, de penser à vous. Hélas ! chere Sylvie, quand vous reverrai-je ? Quand aurai-je la douce satisfaction de vous jurer un amour éternel, & d'entendre de votre aimable bouche un aveu qui seul peut faire le bonheur de ma vie ? Espérons, chere Sylvie, qu'un jour le Ciel se rendra propice à nos veux innocens : il nous a formés l'un pour l'autre, & rien ne pourra empêcher l'exécution de ses Décrets. Conservez-vous, chere Sylvie ;

ayez ſoin d'une vie ſi précieuſe, & à laquelle la mienne eſt ſi indiſpenſablement attachée, que je ne pourrois la conſerver un moment, ſi la vôtre vous étoit ravie. Ne différez pas un inſtant à me donner de vos nouvelles : dans la cruelle néceſſité où je ſuis d'être éloigné de vous, c'eſt le ſeul plaiſir & la ſeule conſolation que puiſſe recevoir votre fidèle & paſſionné Léonce.

Ces tendres marques de fidélité & de conſtance ayant fait ſur la tendre Sylvie le plus prompt effet, elle ſe trouva en état de lui faire ſur le champ la réponſe qui ſuit.

L'effet que votre lettre a produit ſur moi, cher Léonce, vous prouvera mieux que tous mes ſermens, la violence de mon amour pour vous, & le plaiſir que j'ai reſſenti en voyant les preuves de fidélité dont elle eſt remplie. Votre éloignement m'a été ſi ſenſible que, ne pouvant y réſiſter, je ſuis tombée malade. L'empreſſement avec lequel on s'eſt efforcé d'apporter des remedes à mon mal, n'a fait que l'aigrir. Votre lettre, cher Léonce, plus efficace que tous les médicamens du monde, a opéré en un inſtant en moi un changement ſi favorable, que je me ſens aſſez de forces pour vous aſſurer que rien ne pourra affoiblir la vivacité de mes ſentimens pour vous. Armons-nous de courage : ſupportons conſtamment tous les aſſauts que l'intérêt & d'autres paſſions pourront nous ſuſciter. J'eſpere comme vous, cher Léonce, qu'il viendra un tems heureux auquel notre conſtance ſera couronnée. Si nous avons beaucoup à ſouffrir avant, nous en goûterons après avec plus de plaiſir la félicité à laquelle nous aſpirons. Modérez, cher Léonce, votre douleur; pour y faire diverſion, livrez-vous aux amuſemens & aux exercices que votre état & les lieux où vous êtes vous offrent : ſoyez perſuadé que je ſentirai diminuer mes maux, à proportion que j'apprendrai que votre ſituation vous ſera plus gracieuſe. De mon côté je vais faire mes efforts pour conſerver ma vie, puiſque la perte vous en ſeroit ſi préjudiciable. Il n'eſt pas beſoin, cher Léonce, que vous me recommandiez d'être diligente à vous répondre; j'ai trop de plaiſir à m'entretenir avec vous, pour ne m'y pas livrer promptement. Soyez donc certain que chaque fois que je recevrai de vos nouvelles, le même moment ſera employé à vous réitérer les plus ſinceres proteſtations de la fidélité inviolable de votre tendre Sylvie.

Depuis ce moment, cette aimable fille ſe porta de mieux en mieux; lorſqu'elle fut en état de ſortir, la Comteſſe qui vouloit profiter de l'abſence de ſon fils pour établir Sylvie, lui dit: Ma chere fille, il eſt tems que vous renonciez à la vie ſolitaire que vous avez menée juſqu'à préſent. Vous êtes en âge de vous produire dans le monde, & dès aujourd'hui je veux vous emmener avec moi chez la Ducheſſe de. . où nous trouverons une nombreuſe compagnie. Quoique cette propoſition ne fût gueres du goût de cette belle affligée, elle ne put s'y refuſer, n'ayant point de pretexte plauſible pour s'en diſpenſer. Elle y alla donc avec la Comteſſe. Auſſi-tôt qu'on eut appercu cette charmante Demoiſelle, tous les regards ſe fixerent ſur elle. Jamais on a vu tant de beauté & tant de graces réunies dans un même objet. Elle avoit les yeux fendus à fleur de tête, la bouche petite & les lévres vermeilles, la peau fine & d'une blancheur à éblouir, les couleurs vives & brillantes, les cheveux & les ſourcils d'un noir admirable, la forme de ſon viſage étoit dans une proportion merveilleuſe, tout étoit aſſorti en elle. Sa taille légere & élégante reſſembloit à celle dont les Peintres ont coutume d'orner les Graces. Il ſembloit que la nature eût épuiſé ſes tréſors pour lui former la gorge, tant elle étoit parfaite. Un certain air de langueur causé par sa mélancolie relevoit encore l'éclat de tant de charmes frappans. Toute la Compagnie lui en fit les complimens les plus flatteurs. Sylvie rougit modestement, & répondit aux louanges dont on la combloit d'une maniere si fine & si spirituelle, qu'on fut dans l'admiration de voir tant de mérite, d'esprit & de beauté dans une personne de cet âge, car elle n'avoit pas encore quinze ans.

Il y avoit dans la Compagnie un riche Financier, nommé Mr. de la Ferme, veuf & sans enfans, qui ne put résister aux attraits d'une personne si charmante. Il en devint passionnément amoureux; mais croyant que Sylvie étoit fille de la Comtesse, il étoit dans le dernier chagrin de ce que sa naissance ne lui permettoit pas d'espérer de l'obtenir en mariage. Etant rentré chez lui, il tâcha, par tous les moyens que la raison put lui fournir, de se délivrer d'une passion qui ne pouvoit que le rendre malheureux, puisque la disproportion du sang mettoit obstacle à son bonheur. Tout ce qu'il imagina ne put affoiblir la vive impression que les charmes de Sylvie avoient faite sur son cœur. Ne pouvant donc se guérir d'une blessure si profonde, il ſe livra, ſans ſe contraindre, à la violence du feu qui le conſumoit, & réſolut du moins de ſe procurer le plaiſir de voir cet adorable objet. Enſuite comme les Amans ſont ordinairement portés à ſe flatter, il oſoit quelquefois préſumer que la grandeur de ſes richeſſes pourroit ſuppléer à ſa naiſſance. Il n'étoit pas ſans exemple que des gens de la premiere condition euſſent donné leurs filles à de riches Roturiers. Il eſt vrai que ces Seigneurs ne s'y ſont déterminés que parce que le mauvais état de leurs affaires les avoit obligés de les rétablir par ces mariages: au lieu que le Comte de . . . étoit dans un état floriſſant. Malgré cela Mr. de la Ferme, aveuglé par ſon amour, ſe diſoit à lui-même que peut-être le Comte, pour établir plus avantageuſement Léonce, ſe laiſſeroit éblouir par la propoſition qu'il lui feroit d'épouſer Sylvie ſans dot, ſon bien ſuffiſant pour la mettre dans la ſituation la plus brillante.

Plein de ces idées flatteuſes, il ſe rendit chez le Comte, & jouit de la ſatiſfaction de voir le charmant objet de ſon amour; car la Comteſſe obligeoit Sylvie de reſter dans la ſalle de Compagnie, & d'en faire les honneurs. Mr. de la Ferme s'attacha à faire ſa cour à cette aimable Demoiſelle, & à lui prouver par mille attentions les ſentimens qu'elle lui avoit inſpirés. La Comteſſe remarquoit avec plaiſir l'attachement que ce Financier avoit pour Sylvie, & elle deſiroit ardemment qu'il pût ſe la rendre favorable; parce que c'étoit un parti très-avantageux pour elle. Cependant Mr. de la Ferme ayant appris que Sylvie n'étoit point fille du Comte, & s'étant informé des circonſtances qui avoient accompagné ſon enfance, en fut auſſi charmé que s'il avoit ajouté à ſes richeſſes tout l'or du Pérou. Il ſentit en ce moment ſon eſpérance fortifiée, & plein de confiance, il alla trouver le Comte à qui il dit que, pénétré d'eſtime & d'amour pour la charmante Sylvie, il étoit dans la réſolution de lui offrir ſon cœur & ſa main, avec tout ce qu'il poſſédoit, s'il vouloit lui faire la grace d'y conſentir; qu'il ne lui demandoit point de dot; que le mérite infini de cette aimable fille lui paroiſſoit préférable à tous les avantages de la fortune, & qu'il s'eſtimeroit le plus heureux de tous les hommes, s'il pouvoit obtenir la poſſeſſion d'un ſi précieux tréſor. Le Comte, charmé de la propoſition du Financier, lui promit de le favoriser autant qu'il pourroit auprès d'elle, & de lui parler à ce sujet. Il s'engagea même à ne rien négliger de son côté pour le faire aimer d'elle. Mr. de la Ferme, extrêmement satisfait d'une réponse si conforme à ses desirs, se retira le plus content du monde, & se rendit auprès de Sylvie, à qui il ne balança plus de déclarer ses sentimens. Cette Belle, qui jusqu'alors avoit souffert malgré elle les assiduités du Financier, ne pouvant dissimuler la peine qu'une pareille déclaration lui causoit, lui répondit avec une fierté & un mépris qui devoient lui ôter pour toujours l'espérance dont il s'étoit flatté. Il ne se rebuta cependant pas, & attribuant une réponse si mortifiante à sa jeunesse & à son peu d'expérience, il lui apprit la démarche qu'il avoit faite auprès du Comte, & finit en lui disant qu'elle auroit sûrement plus d'égard à l'autorité de ce Seigneur qu'à ses prieres & à ses soupirs. » Non, non, lui répondit Sylvie avec impatience, cessez de vous » flatter. Je sçais quelles obligations j'ai » au Comte. Je n'ignore pas combien je » dois déférer à ses volontés ; mais je » sçais aussi que n'étant pas mon pere, je » ne suis point obligée de lui obéir dans

» une chose qui me rendroit la plus mal-
» heureuse personne du monde. Il est au
» reste trop généreux pour vouloir m'y
» contraindre. Tâchez donc, Monsieur,
» de vous guérir d'un amour inutile ; ne
» pensez pas que l'offre de vos richesses
» puisse me tenter, & si vous êtes disposé
» à m'obliger en quelque chose, prou-
» vez-le-moi, en me délivrant pour tou-
» jours de vos importunités.

Mr. de la Ferme, au désespoir d'une réponse si mortifiante, & à laquelle il s'attendoit si peu, retourna trouver le Comte qui étoit dans son cabinet avec la Comtesse son épouse. Il leur rapporta, avec les marques de la plus vive douleur, les mépris dont Sylvie l'avoit accablé, & les conjura avec les instances les plus pressantes d'employer leur autorité pour l'amener au point où il la desiroit. Le Comte & la Comtesse, qui avoient de fortes raisons de souhaiter ce mariage, lui promirent de ne rien épargner pour le rendre heureux ; lui dirent qu'il ne se rebutât pas ; que sa perséverance, le tems, & leurs soins fléchiroient enfin cette jeune personne ; que l'Hôtel lui seroit toujours ouvert ; qu'il pourroit s'y rendre aussi souvent qu'il le jugeroit à propos, & qu'ils lui faciliteroient tous les moyens d'entretenir Sylvie tant en public qu'en particulier. Mr. de la Ferme, un peu consolé par un discours si favorable à ses intentions, leur en témoigna sa vive reconnoissance & se retira.

Après son départ, le Comte & la Comtesse raisonnerent ensemble sur le refus de Sylvie. Ils sentoient parfaitement que son amour pour Léonce en étoit cause. Ils auroient bien voulu pouvoir la contraindre à épouser Mr. de la Ferme, pour se délivrer de l'inquiétude que la passion de leur fils pour elle leur causoit ; mais n'ayant sur elle d'autre droit que celui que le hazard leur avoit donné, ils ne pouvoient disposer d'elle sans son consentement. Leur amitié pour elle ne leur permettoit pas de l'enfermer dans un couvent ; quand ils auroient pris ce parti, cela n'auroit servi à rien, puisque Léonce, à son retour, ne la trouvant pas mariée, refuseroit toujours de se conformer aux vues qu'ils avoient formées depuis longtems pour son établissement. Avant donc de prendre une résolution, ils la firent venir, esperant l'amener à la raison, ou au moins trouver dans sa réponse matiere à se déterminer.

» Sylvie, lui dit le Comte, je me flat-
» tois que la reconnoiſſance auroit aſſez
» de pouvoir ſur vous, pour vous engager
» à nous épargner les chagrins que vous
» nous cauſez; c'eſt déja par rapport à
» vous que nous avons éloigné un fils
» unique qui nous eſt très-cher, & que
» nous lui avons fait embraſſer un état
» dans lequel nous craignons à chaque
» inſtant de le voir enlever par la mort.
» J'avois de vous une opinion aſſez avan-
» tageuſe, pour préſumer que vous em-
» ployeriez votre raiſon & votre ſageſſe
» à détruire un amour frivole & inutile;
» puiſque, quelque proteſtation qu'ait pu
» vous faire Léonce, jamais vous ne lui
» ſerez unie. Je voyois avec plaiſir l'atta-
» chement de Mr. de la Ferme pour
» vous; je béniſſois le Ciel de ce que,
» pour ſuppléer à ce que la fortune vous
» a refuſé, il avoit inſpiré à ce Financier
» le deſſein de vous offrir ſa main & ſon
» bien. Mon amitié pour vous me faiſoit
» deſirer ardemment cet hymen, qui de-
» voit vous rendre la plus heureuſe fem-
» me du monde. Cependant, aveuglée par
» un fol amour, vous refuſez un parti ſi
» avantageux: vous outragez avec le der-
» nier mépris un homme qui vous aime

» ſincerement, qui veut faire votre bon-
» heur, & qui, dans ſon air, ſes manieres,
» & dans toute ſa perſonne, n'a rien qui
» puiſſe inſpirer du dégoût. Que preten-
» tendez-vous donc, Sylvie? Qu'eſpe-
» rez-vous devenir? Faites un peu réfle-
» xion ſur votre état. Vous êtes ſans
» biens, ſans parens, ſans amis; ſi je vous
» abandonnois, quelle ſeroit votre ſi-
» tuation! Ah! Sylvie, rentrez en vous-
» même; profitez de l'occaſion favorable
» qui vous eſt préſentée: acceptez l'offre
» d'un amant paſſionné qui, malgré vos
» mortifians rebuts, eſt encore prêt à
» vous rendre heureuſe; & ne nous obli-
» gez pas à faire contre vous des démar-
» ches qui ſeroient entierement contraires
» à l'amitié que nous vous avons toujours
» témoignée, & auxquelles nous nous
» verrions forcés pour éviter les mal-
» heurs que votre funeſte amour nous
» prépare.

Sylvie, affligée à l'excès d'un diſcours ſi mortifiant, baiſſoit les yeux & ne répondoit rien. Le Comte, après avoir inutilement attendu pendant quelques momens ſa réponſe, voyant qu'elle continuoit à garder le ſilence: » Conſultez votre » raiſon, lui dit-il: peſez bien mûrement

» ce que je viens de vous dire. Nous vous » laiſſons le tems de réfléchir à la réſolu- » tion que vous devez prendre; mais en la » formant, ſongez que notre tranquillité » & votre bonheur dépendent du parti au- » quel vous vous déterminerez. » Cette infortunée Amante ſe retira dans ſon appartement où elle verſa un torrent de larmes. Tonton, qui la trouva dans ce pitoyable état, lui dit: » Ma chere fille, » qu'avez-vous qui puiſſe vous cauſer une » douleur ſi exceſſive? Ah! ma chere Maman, s'écria-t-elle, qu'il m'eût été bien plus avantageux de paſſer avec vous ma vie dans la forêt, que d'eſſuyer des reproches auſſi outrageans que le ſont ceux dont on vient de m'accabler! Hélas! qu'on me fait payer bien cher les funeſtes bienfaits qu'on m'a prodigués! ô Ciel! ne me ferez-vous jamais la faveur de découvrir les auteurs de ma vie? délivrez-m'en plutôt que de ſouffrir que je ſois plus long-tems en but... Hélas! ma chere fille, lui répondit Tonton, en l'interrompant, quels ſont donc les reproches & les outrages dont vous vous plaignez? Sylvie lui répéta le diſcours du Comte & ſes menaces. Tonton y fut auſſi ſenſible qu'on le pouvoit être; elle réfléchit ſur ce qu'il y avoit de mieux à faire dans des circonſtances ſi fâcheuſes ; & après un moment de ſilence, elle lui dit : je ne vous conſeillerai pas, ma chere fille, d'éteindre votre amour pour Léonce ; j'ai appris par ma propre expérience que c'eſt une choſe impoſſible, quand le cœur eſt véritablement épris. Je ne vois pas d'autre parti à prendre pour vous que de feindre ; car ſi vous vous détermíniez à entrer dans un Couvent, outre que je n'aurois plus le plaiſir de vous voir, vous ne ſeriez plus à portée de recevoir des nouvelles de Léonce, & de lui donner des vôtres. J'ai tout lieu de craindre qu'on ne prît des meſures ſi ſecrettes pour vous y conduire, que perſonne ne pourroit découvrir l'endroit où vous ſeriez. Pluſieurs raiſons me le font appréhender ; allez trouver demain le Comte ; dites-lui, qu'après avoir fait de ſérieuſes réflexions ſur ce qu'il vous a propoſé, vous vous êtes déterminée à lui obéir ; mais que, ne pouvant pas vous défaire ſi promptement d'une inclination formée dès l'enfance, & concevoir pour un autre homme des ſentimens tels que l'exige un engagement qui dure autant que la vie, vous eſpérez qu'il ne vous preſſera pas, & qu'il vous donnera le tems néceſſaire pour détruire ce premier amour, & accoutumer votre cœur à aimer Mr. de la Ferme; que, cependant, vous le recevrez d'une façon qui pourra lui faire oublier les mauvais traitemens qu'il a reçus de vous. Nous informerons, continua-t'elle, Léonce de tout ce qui ſe paſſe; nous le preſſerons de revenir auſſi-tôt qu'il pourra le faire avec honneur; & quand il ſera de retour, nous prendrons avec lui des meſures plus certaines, ſuivant que les circonſtances l'exigeront. Le grand point, ma chere fille, eſt d'éviter le Couvent, dont on vous menace, & de gagner du tems: je ſçais qu'il vous en coûtera beaucoup de violence; mais que ne fait-on pas pour ſe conſerver un Amant qu'on aime & dont on eſt sûre d'être aimée?

Sylvie ſe rendit aux avis de Tonton, &, dès le lendemain matin, elle alla trouver le Comte, & lui dit ce que ſa bonne Maman lui avoit conſeillé. Ce Seigneur en fut ſi ſatisfait, qu'il lui fit mille careſſes. Dès le même jour, Mr. de la Ferme étant venu faire ſa cour à cette charmante fille, elle le reçut avec beaucoup moins de froideur qu'à l'ordinaire; elle lui laiſſa entrevoir qu'un jour elle pourroit répondre à ses vœux, & lui donna à entendre que, le cœur ne voulant pas être violenté, il devoit se contenter de ce qu'elle lui permettoit d'esperer, & que le tems pourroit faire le reste.

Mr. de la Ferme, charmé d'un si heureux changement, crut devoir en remercier le Comte, qui lui dit qu'il avoit bien prévu que la rigueur avec laquelle Sylvie avoit reçu sa déclaration, ne venoit que de sa jeunesse & de son peu d'expérience ; que cette Demoiselle, élevée dans les principes de la plus austere vertu, avoit été allarmée d'un langage qui lui étoit jusqu'alors inconnu; mais qu'il lui avoit parlé, & qu'il lui avoit fait comprendre que sa vertu n'étoit point blessée en écoutant les tendres sentimens d'un homme qui ne se proposoit qu'une fin très-légitime; qu'il devoit esperer que ses soins & le tems toucheroient son cœur trop jeune encore pour ressentir les impressions de l'amour. Cet Amant sentit redoubler son espérance & sa joie au discours du Comte, & se retira avec le contentement qu'un homme excessivement amoureux éprouve en pareilles circonstances. Il ne manquoit pas à se rendre tous les jours auprès de Sylvie,

&

vie ; & tâchoit par mille attentions de lui plaire. Cette belle fille se contraignit si bien, que, petit à petit, elle donnoit lieu à Mr. de la Ferme de se flatter de plus en plus qu'il faisoit des progrès sur son cœur. Mais qu'il lui en coûtoit pour se faire une violence si contraire à ses véritables sentimens ! Elle se soulageoit avec Tonton à qui elle ouvroit son ame, & qui la consoloit avec la plus sensible tendresse. Elle avoit instruit son cher Léonce de la feinte qu'elle étoit obligée d'employer pour se conserver à lui. Ce tendre Amant, pénétré de reconnoissance du sacrifice que lui faisoit sa chere Sylvie, ne laissoit passer aucun ordinaire sans la fortifier par les plus consolantes assurances d'amour & de constance.

Pendant que ces choses se passoient chez le Comte, la campagne qui avoit été ouverte dès le commencement de Mai, s'avançoit, lorsqu'il arriva à Léonce une petite aventure qui mérite d'avoir place ici, puisqu'elle servira à faire connoître la générosité de ce jeune Officier, & que les suites qu'elle a eues, prouveront qu'un bienfait n'est jamais perdu, & que, tôt ou tard, on en recueille le fruit.

Le Général François, ayant été averti que les troupes ennemies attendoient un fort Convoi, résolut de l'intercepter, quoiqu'il fut éloigné de plus de quinze lieues de la route que devoit tenir ce Convoi, qu'on lui avoit dit être escorté à cause de l'éloignement. Il détacha de son Armée plusieurs Piquets de Dragons & de Cavalerie, pour l'aller enlever, avec ordre de faire la plus grande diligence, & de marcher nuit & jour, de peur que l'ennemi n'eût vent de son dessein. Léonce se trouva de ce détachement, & commandoit un Piquet de cinquante Maîtres.

Les personnes de condition qui étoient à leurs maisons de campagne, n'étoient pas pressées de se retirer avec leurs effets dans les Villes, parce que notre Armée étant éloignée, elles croyoient n'avoir rien à craindre des partis & des détachemens qui, ordinairement, ne font pas de si longues courses : de sorte qu'il y en eut quantité qui furent exposées à l'insolence & à la brutalité du Soldat. Léonce ayant apperçu une troupe de Dragons qui sortoient d'une maison, qu'ils avoient pillée, & emmenoient une Demoiselle, qui faisoit de vains efforts, pour s'arracher de leurs mains, courut à eux avec ſes Cavaliers, & les menaça de faire tirer ſur eux, s'ils ne la quittoient pas.

Ces Dragons intimidés lâcherent priſe; la Demoiſelle ſe jetta à genoux devant Léonce, & le remercia, de la façon la plus touchante, du ſervice qu'il venoit de lui rendre, en lui ſauvant l'honneur; mais ce généreux Officier, ſautant auſſi-tôt de cheval, la releva avec politeſſe & reſpect. Il la conduiſit dans ſa maiſon, où il fut ſaiſi d'horreur & de compaſſion, de voir un Vieillard maſſacré, & une reſpectable Dame qui s'arrachoit les cheveux, & paroiſſoit être dans le dernier déſeſpoir. Son premier ſoin fut de faire viſiter le Vieillard. On lui trouva encore du mouvement. Un Cavalier, Maréchal de ſon métier, & habile homme, faute de Chirurgien, fut appellé pour ſecourir ce bon Vieillard. Il le panſa du ſecret, &, au grand étonnement de tout le monde, non ſeulement, il reprit ſes eſprits; mais il ſe trouva en état de ſouffrir le tranſport ſur une litiere. Léonce fit auſſi monter la vieille Dame & la jeune Demoiſelle dans leur Carroſſe, & les faiſant eſcorter par ſon Piquet, il les conduiſit au Lieutenant Général, qui commandoit le détachement. Il lui raconta l'attentat que les Dragons avoient commis, & le pria de lui permettre de conduire ces trois perſonnes dans la Ville d'où elles étoient, qui n'etoit diſtante que de trois lieues. Le Commandant, non ſeulement le lui permit, mais lui donna un autre Piquet, pour renforcer ſon eſcorte: de façon qu'il eut le ſoir la ſatisfaction de les remettre chez elles. Ces perſonnes étoient ſi touchées de reconnoiſſance d'un tel ſervice, qu'elles ne ſçavoient comment l'en remercier. Elles lui offrirent mille choſes précieuſes, qui auroient flatté la cupidité d'un cœur moins déſintéreſſé que ne l'étoit celui de Léonce; mais il les aſſura qu'il ſe trouvoit trop payé du ſervice qu'il leur avoit rendu, par le plaiſir de l'avoir fair. La jeune Demoiſelle, plus preſſante que ſon pere & ſa mere, lui fit tant d'inſtances, que, pour ne la point affliger par un refus opiniâtre, il accepta une Bague, qu'elle le pria de porter toujours. Enſuite il prit congé d'eux, & revint au gros du détachement.

Peu de tems après, le Général fit marcher ſes troupes en avant, pour aller joindre l'ennemi, & s'empara des petites Villes qui étoient ſur ſon paſſage : ce qui lui coûta peu, parce que la plûpart étoit ſans fortifications. L'ennemi envoyoit de forts détachemens, pour harceler notre Armée, & retarder ſa marche. Tous les jours, on avoit quelques eſcarmouches qui ne laiſſoient pas de nous affoiblir, ſans rien décider. Dans un de ces chocs, Léonce, qui étoit toujours un des premiers, lorſqu'il s'agiſſoit d'acquérir de la gloire, fut dangereuſement bleſſé. On le porta dans une de ces Villes, dont on s'étoit emparé en paſſant ; & le hazard voulut qu'on lui donnât pour logement la maiſon qu'habitoit cette famille qu'il avoit ſi eſſentiellement obligée. Il eſt impoſſible de décrire quelle fut la douleur de ces perſonnes, en voyant leur bienfaicteur dans un ſi triſte état. Le pere, la mere, & ſurtout la fille, s'empreſſerent à lui procurer tous les ſoulagemens dont il avoit beſoin. Leurs ſoins furent ſi efficaces, qu'il ſe trouva peu après beaucoup mieux. Ils eurent même, au bout de quelques jours, la conſolation de le voir entierement hors de danger. Pendant le cours de ſa maladie, qui dura près de deux mois, ils ne ſe ralentirent point.

Quoiqu'ils eussent été très-affligés de l'accident arrivé à ce généreux Officier, ils ne pouvoient assez se féliciter de ce que le Ciel leur avoit procuré cette occasion de lui donner des marques de leur reconnoissance. De son côté, Léonce, infiniment sensible à toutes leurs attentions, faisoit tout ce qui dépendoit de lui pour leur prouver combien il en étoit touché. Dès qu'il fut en état de monter à cheval, il se rendit où il croyoit que son devoir & son honneur l'appelloient, malgré les instances que ses généreux hôtes lui firent de leur accorder le plaisir de passer chez eux le reste de sa campagne.

Le Général, qui le considéroit beaucoup, tant par rapport au Comte son pere & à la grandeur de sa Maison, qu'à cause de son mérite personnel, le voyant extrêmement défait & affoibli par sa blessure, après l'avoir beaucoup loué de son zèle pour le service, ne voulut pas souffrir qu'il restât au Camp, & l'obligea de retourner à Paris, où l'air natal rétabliroit ses forces, & le mettroit en état de rentrer en campagne au printems prochain. Il écrivit même sur le champ une lettre au Comte, dans laquelle il lui exposoit les raisons qui l'engageoient à prier Léonce de revenir chez lui.

Ce jeune Amant, extrêmement content de l'ordre qu'il recevoit de son Général, se mit, sans différer, en marche pour se rendre où son amour l'appelloit. Il laissa derriere lui ses équipages, & partit, suivi seulement de son Valet de Chambre. Il se faisoit un plaisir de surprendre Sylvie; c'est ce qui l'empêcha de lui écrire pour la prévenir. Il avoit aussi cru devoir lui cacher, aussi bien qu'au Comte & à la Comtesse, la blessure qu'il avoit reçue, afin de leur épargner le chagrin où les auroit plongé une nouvelle si affligeante. Il étoit plein de l'idée flatteuse de revoir bien-tôt l'aimable objet de son amour, quand il fut attaqué par une troupe de Miquelets dans les Montagnes du Piedmont. Ces bandits le dépouillerent, lui & son Valet de Chambre, s'emparerent de leurs chevaux, & les revétirent de mauvais sarrauts de toile, sans leur laisser un sol pour se fournir les besoins de la vie. Après cette expédition, ces brigands s'enfuirent sur les rochers avec la légereté des chèvres. Léonce démonté, presque tout nud & sans argent, se trouva dans un embarras inexprimable; néanmoins il ne perdit pas courage. Il résolut de gagner le Village le plus proche, & d'y attendre ses équipages, qui ne devoient pas tarder à s'y rendre, après les ordres qu'il avoit donnés à ses gens de le suivre sans délai; mais on ne lui en donna pas le tems : un Parti des Troupes du Roi de Sardaigne, les voyant dans cet équipage, les prit pour des espions, &, malgré tout ce qu'ils purent dire pour se faire connoître, les conduisit à Turin, où on les mit dans un obscur cachot. On les y laissa, sans leur faire subir aucune interrogation, & sans leur permettre de parler ni d'écrire à qui que ce fût; un peu de pain & d'eau étoient leur seule nourriture. Léonce qui n'étoit pas entierement rétabli de ses blessures, & que le chagrin de ne pouvoir donner de ses nouvelles à sa chere Sylvie affligeoit encore plus que sa captivité, ne put supporter un état si terrible. Il fut attaqué d'une fiévre violente, qui faisoit à tout moment craindre au Valet de Chambre que son Maître ne succombât sous une situation si désespérante. Ce fidèle Domestique employoit les prieres les plus touchantes auprès du Geolier, qui leur apportoit tous les jours du pain & de l'eau, pour l'engager à donner quelques ſoulagemens à Léonce ; mais ce miſérable, plus dur que les verroux qu'il étoit accoutumé d'ouvrir & de fermer ſans ceſſe, n'y faiſoit aucune attention. Léonce ſouffrit dans ce cachot mille fois plus qu'il n'eſt poſſible de ſe l'imaginer ; néanmoins ſa grande jeuneſſe & la force de ſon tempérament lui firent ſurmonter tous les maux qu'il eut à endurer pendant près de ſix mois qu'on les laiſſa dans cet horrible lieu, ſans qu'on pensât à les en retirer.

Le Comte de... qui avoit été averti, par la lettre du Général, du départ de Léonce, voyant que le tems à peu-près néceſſaire pour la route étoit écoulé ſans qu'il fût de retour, commença à être fort inquiet à ſon ſujet ; néanmoins il patienta encore quelque tems, dans la penſée qui lui vint que ſon fils, affoibli par ſa bleſſure, marchoit à petites journées, & faiſoit de tems en tems quelques ſéjours pour ſe repoſer. Plus il croyoit que Léonce approchoit, plus il engageoit Monſieur de la Ferme à redoubler ſes efforts auprès de Sylvie, pour la déterminer à faire ſon bonheur, en conſentant à l'épouſer. De ſon côté, il la preſſoit de la façon la plus vive de ſe rendre à l'ardeur avec laquelle ce Financier ſouhaitoit ce mariage : la Comteſſe employoit auſſi les plus fortes inſtances pour obtenir ſon conſentement. Cette fidelle Amante, inebranlable à tant d'aſſauts, trouvoit toujours quelques prétextes honnêtes, par leſquels elle différoit la concluſion de cet hymen, ſans qu'on pût s'en offenſer. .

Cependant les équipages de Léonce arriverent à Paris, ſans qu'on eût eu de ſes nouvelles. La douleur que le Comte & la Comteſſe reſſentirent de ne ſçavoir ce qu'étoit devenu leur fils, leur donna tant d'occupations, qu'ils ceſſerent pendant quelque tems de perſécuter Sylvie par leurs inſtances. Ils dépêcherent des gens pour s'informer dans tous les Bourgs, Villages & Villes qui étoient ſur la route qu'il avoit dû tenir, ſi l'on n'en avoit point entendu parler ; ces gens viſiterent exactement toutes les Auberges, & demanderent aux hôtes s'ils n'avoient pas logé un jeune Seigneur dont ils leur firent le portrait : mais ils revinrent chez le Comte ſans en avoir appris aucune nouvelle. Ce Seigneur & ſon épouſe étoient dans la derniere affliction : ils ne douterent point que Léonce n'eût été aſſaſſiné avec ſon Valet de Chambre dans les montagnes du Piedmont; ils ſe reprochoient eux-mêmes d'être la cauſe de ſa perte : dans d'autres momens, l'attribuant à Sylvie, ils déchargeoient ſur cette pauvre infortunée leur dépit, par des reproches ſanglans, & l'accuſoient d'être la meurtriere de leur fils; puiſque c'étoit la folle paſſion qu'elle avoit conçue pour lui qui les avoit obligés de l'éloigner. Cette belle affligée étoit dans une ſituation qu'on ne peut décrire. La nouvelle de la mort de Léonce, que ſon ſilence lui confirmoit, les reproches de l'avoir cauſée dont on l'accabloit ſans ceſſe, & la violence qu'elle étoit obligée de ſe faire pour ſouffrir Monſieur de la Ferme, qui, tous les jours, la preſſoit de conſentir à ſon bonheur, l'agiterent avec tant de violence, qu'elle n'y put réſiſter. Elle tomba malade, &, en peu de jours, ſon mal augmenta ſi fort, qu'elle fut en danger de perdre la vie. Les Médecins s'appercevant que ſa maladie venoit d'une cauſe à laquelle ils ne pouvoient remédier, en avertirent le Comte qui en fut peu touché; la douleur qu'il reſſentoit du malheur de ſon fils, l'occupoit trop fortement, pour qu'il pût être ſenſible au danger de Sylvie, qui, ſelon lui, en étoit la cauſe. Cette Amante inconſolable n'avoit au monde que Tonton & Duparc qui priſſent part à ſa triſte ſituation. Ils apportoient tous leurs ſoins à la conſoler ; ils ne la quittoient ni jour ni nuit ; & tâchoient, par les témoignages d'affection qu'ils lui donnoient, de lui faire oublier la dureté du Comte & de la Comteſſe, qui, pendant plus de trois ſemaines qu'elle fut au lit, ne la vinrent pas voir une ſeule fois, & n'envoyerent même jamais demander des nouvelles de ſa ſanté. Quand elle fut un peu rétablie, elle penſa ſérieuſement au parti qu'elle devoit prendre, pour ſe mettre à l'abri des mauvaiſes manieres qu'elle prévoyoit bien que le Comte & la Comteſſe auroient toujours pour elle. Ils ne me pardonneront jamais, diſoit-elle à Tonton, la mort de Léonce, dont ils m'accuſent d'être cauſe ; moi qui donnerois avec joie juſqu'à la derniere goutte de mon ſang, pour lui rendre la vie. Que faire, chere Tonton, pour me ſouſtraire à leur injuſte reſſentiment ?

Tant que Léonce a vécu, lui répondit Tonton, vous ſçavez, ma chere fille, que je ne vous ai jamais donné de conſeils qui fuſſent contraires à l'amour que vous aviez pour lui, parce que je prévoyois leur inutilité ; mais, à présent qu'il n'est plus, je n'hésite point à vous dire qu'il y auroit de la folie de s'obstiner à demeurer fidelle à une ombre insensible & vaine. Quand vous iriez vous ensévelir dans un Cloître, n'y étant pas appellée, vous vous rendriez la plus malheureuse fille du monde; &, voulant éviter les chagrins qu'on vous donne ici, vous vous en forgeriez à vous-même qui seroient infiniment plus cuisans. Je sçais, ma chere fille, que ce que vous avez à souffrir du Comte & de la Comtesse, est bien dur à supporter; aussi, vous conseillé-je de vous en délivrer au plûtôt. Epousez Mr. de la Ferme, & vous serez une des plus riches & des plus heureuses personnes du monde. Ah! ma chere Tonton, interrompit Sylvie, peut-on être heureuse avec un homme qu'on n'aime pas? Oui, ma chere enfant, répondit Tonton, oui, vous serez heureuse. Les bonnes manieres, l'amour, les attentions de cet Epoux, détruiront les impressions de votre premiere inclination. Votre devoir, & la reconnoissance que vous devez à un homme qui aura fait votre fortune, vous inspireront bientôt pour lui, les tendres sentimens que vous ne vous sentez pas à présent. Enfin, vous n'avez pas d'autre parti à prendre. Profitez d'une occasion si favorable, de peur que Mr. de la Ferme, rebuté de vos délais perpétuels, ne se retire. N'attendez pas que le Comte vienne vous forcer de choisir entre ce mariage ou le Cloître, &tirez-vous de la servitude dans la quelle vous vivez ici. Sylvie avoit bien de la peine à se résoudre à prendre ce parti. L'image de Léonce étoit trop profondément gravée dans son cœur, pour qu'elle pût se déterminer à se donner à qui que ce fût. Tonton la pressoit tous les jours le plus qu'elle pouvoit, de se faire effort, & de vaincre une répugnance qui lui deviendroit funeste, si elle l'écoutoit. Elle n'avançoit pas beaucoup; mais le Comte lui fit prendre cette résolution qui lui coûtoit tant, par le discours qu'il lui tint quelques jours après.

» Mademoiselle, lui dit-il, de nou» velles informations que j'ai fait faire » sur le sort de mon fils, ne me prouvent » que trop que je ne dois plus esperer de » le revoir. Le chagrin, dont un si triste » malheur m'accable, ne me permet pas » de rester dans le tumulte & dans le » grand monde de Paris, & encore moins » de voir chez moi la premiere cause

» de ma douleur. Ainſi, Mademoiſelle, » avant que je parte pour retourner à » ma Terre, choiſiſſez, ſi vous aimez » mieux épouſer Mr. de la Ferme, ou » entrer dans un Couvent, où je vous fe- » rai donner toutes les aiſances qui pour- » ront vous rendre la vie gracieuſe ». Monſieur, lui répondit Sylvie, je vous ai donné parole de conſentir à l'hymen que vous m'avez propoſé. Ainſi, vous êtes le maître de terminer cette affaire, quand vous le jugerez à propos; je ne m'y oppoſerai pas. Cela étant ainſi, ajoûta le Comte, je vais avertir aujourd'hui Mr. de la Ferme, que vous donnez votre conſentement; & avant que la ſemaine ſoit paſſée, vous ſerez ſon épouſe. Ce Seigneur l'ayant quittée, Sylvie alla ſur le champ faire part à Tonton de ce qui venoit de ſe paſſer entre le Comte & elle. Tonton l'en félicita. Hélas! ma chere Maman, s'écria cette triſte Demoiſelle, je crains bien de n'être pas ſi heureuſe que vous voulez me faire eſperer: j'ai certains preſſentimens qui me font frémir. D'ailleurs, je ne puis penſer ſans horreur, à me voir entre les bras d'un homme pour lequel je ne me ſens aucune inclination. Tonton employa les raiſons les plus perſuaſives, pour détruire ſes craintes, & pour affoiblir l'averſion qu'elle paroiſſoit avoir pour ce futur époux.

Cependant Mr. de la Ferme, ayant été averti par le Comte de la réſolution de Sylvie, s'empreſſa de venir apprendre d'elle-même une nouvelle qui lui étoit ſi agréable. Cette belle affligée la lui confirma; mais d'un ton ſi triſte que, s'il n'eût pas été occupé tout entier de ſon bonheur, il auroit aiſément reconnu que le cœur n'avoit aucune part dans le conſentement qu'elle venoit de lui donner. Il n'y prit pas garde, ou, s'il y fit quelqu'attention, il l'attribua ſans doute à la modeſtie du ſexe.

Mr. de la Ferme vouloit célébrer ſon mariage, avec une magnificence qui répondît à la grandeur de ſon amour & de ſes richeſſes; mais le Comte lui fit comprendre que, dans la triſteſſe que lui cauſoit la mort de ſon fils, il ne pouvoit pas goûter les divertiſſemens qui accompagnent de ſemblables fêtes, & que, ne pouvant pas ſe diſpenſer d'aſſiſter à la cérémonie du mariage, puiſqu'il devoit y tenir lieu de pere à Sylvie, il le prioit de faire la choſe de nuit, ſans éclat, & ſans ſomptuoſité. Mr. de la Ferme fut obligé de ſe rendre aux deſirs du Comte. Le moment étant arrivé, la triſte Sylvie ſe laiſſa conduire aux pieds des Autels, comme une victime innocente qu'on va immoler. La triſteſſe qui paroiſſoit ſur ſon viſage & dans ſes yeux, prouvoit bien la violence qu'elle ſe faiſoit, en conſentant à un hymen qui étoit ſi contraire aux inclinations de ſon cœur. Quand il fut queſtion de prononcer le *Oui*, autant fatal pour ceux qui ne le diſent que par contrainte, qu'il eſt agréable à ceux à qui un amour naturel l'inſpire, Sylvie ne put retenir ſes larmes; les ſanglots lui ôterent l'uſage de la voix; & le Miniſtre des Autels fut obligé de répéter trois ou quatre fois la formule ordinaire, avant qu'elle pût prononcer diſtinctement ce fatal *Oui*. Mais enfin elle le prononça, & la cérémonie étant achevée, Mr. de la Ferme, accompagné du Comte, conduiſit ſa nouvelle épouſe à ſon Hôtel, qui étoit paré avec une magnificence inouie, & où il avoit fait préparer un repas ſuperbe.

Mais quel funeſte hymen! ſous quels noirs auſpices n'avoit-il pas été formé? ſans doute, les Furies en avoient allumé le lugubre flambeau.

Mr. de la Ferme, plus content qu'on ne peut le dire, de se voir uni à l'objet aimable pour lequel il avoit tant soupiré, faisoit tout ce qui dépendoit de lui pour communiquer une partie de sa joie au Comte, que l'opinion de la mort de Léonce rendoit extraordinairement triste ; & à Sylvie, dont ce nouvel engagement redoubloit la mélancolie. Plusieurs de ses parens riches & puissans comme lui, qu'il avoit invités à ses Noces, prenoient part à son bonheur. On étoit à table, la bonne chair & le plus excellent vin sembloient concourir également à la gaieté des Convives, & se disputer la gloire du repas, lorsqu'on vit entrer dans la Salle six hommes masqués & armés. Les Domestiques, occupés à différentes fonctions, & empressés à servir, ne les avoient point vus ; de sorte qu'ils avoient pu pénétrer sans obstacle jusqu'à la Salle du festin. Celui qui étoit à leur tête, & qui paroissoit leur commander, alla droit à Sylvie, & la prenant par la main, tâchoit de l'engager à le suivre, sans néanmoins lui faire violence. Le Comte met dans l'instant l'épée à la main, tombe sur cet homme, & l'oblige enfin de quitter Sylvie. Mr. de la Ferme, & les autres Convives font également tête aux cinq autres. Le combat fut pendant quelque tems douteux. Le Comte pressoit toujours son adversaire; il remarquoit cependant avec surprise, qu'il se contentoit de parer, sans jamais riposter.

Cependant les Domestiques, qui avoient été d'abord effrayés par le bruit qui s'étoit fait dans la Salle, & par le cliquetis des épées, étant revenus de leur premiere terreur, & faisant attention au danger auquel leurs Maîtres étoient exposés, s'armerent de couteaux de cuisine, de broches, & de tout ce qui tomba sous leurs mains, & accoururent au lieu du combat, résolus d'exterminer les téméraires qui avoient osé troubler la fête. Les hommes masqués, à la vue de ce renfort, tâcherent de gagner la porte; mais les Domestiques les repousserent. Voyant donc qu'il n'y avoit pas moyen de se dégager d'un si mauvais pas, ils redoublerent leurs efforts, afin de vendre bien cher leur vie. Mr. de la Ferme fut le premier objet qu'ils immolerent à leur désespoir. Deux de ses parens furent dangereusement blessés & hors de combat. Des six masqués, il y en avoit deux étendus sur le carreau par les Domestiques, & trois autres criblés de coups. Le ſixieme, auquel le Comte s'étoit attaché, avoit gagné un coin de la ſalle, & ainſi retranché, il ſe contentoit d'écarter les coups qu'on lui portoit. Les parens de Mr. de la Ferme, qui étoient encore en état de combattre, n'ayant plus d'ennemis ſur les bras, vinrent ſeconder le Comte. Son adverſaire, ne pouvant ſuffire à tant d'ennemis, reçut un coup d'épée que le Comte lui porta dans le ſein. Puis ſe ſentant dangereuſement bleſſé, il jetta ſon épée, ôta ſon maſque, & préſentant ſon eſtomach à découvert : mon Pere, dit-il, achevez. Il n'en put dire d'avantage, & tomba ſans ſentiment. Dieu! quelle fut la ſurpriſe du Comte, en reconnoiſſant Léoncé qu'il croyoit mort depuis quelques mois ! De quelle horreur ne fut-il pas ſaiſi : de quel déſeſpoir ne fut-il pas déchiré, de le voir preſqu'expirant, & d'en être le meurtrier ? Non, il n'y eut jamais de ſituation ſi affreuſe. Quelles noces, juſte Ciel ! D'un côté, l'époux tué, & l'épouſe évanouie dans un coin de cette ſalle funebre: de l'autre, deux parens de l'époux, noyés dans leur ſang ; ſix hommes morts ou mourans, parmi leſquels, un pere ne reconnoît ſon fils, qu'après lui avoir donné le coup de la mort. Eſt-il rien au monde de plus horrible? Le Comte, un peu revenu de la premiere conſternation, où l'avoit jetté une ſi terrible cataſtrophe & en craignant les funeſtes ſuites, prit d'abord les plus juſtes meſures pour empêcher qu'elle n'éclatât, & ſurtout, pour cacher aux Domeſtiques que ſon fils en étoit l'auteur. Les parens de Mr. de la Ferme d'un autre côté avoient trop de conſidération pour le Comte, pour faire des pourſuites contre les aſſaſſins de ce malheureux époux, qui étoit effectivement mort de ſes bleſſures.

Un Chirurgien, qu'on avoit d'abord envoyé chercher, arriva. Il viſita les bleſſés, & ordonna, avant toutes choſes, qu'on les tranſportât dans des lits. On porta donc les deux parens de Mr. de la Ferme dans un appartement, & le Comte fit conduire à ſon Hôtel qui étoit proche, Sylvie, ſon fils, & les autres jeunes gens, qu'on avoit reconnus pour Officiers, amis de Léonce. Le Chirurgien les accompagna; car les parens de Mr. de la Ferme en avoient auſſi fait venir un.

Quoique l'état de Sylvie demandât un prompt ſecours, néanmoins, comme la ſituation de Léonce & des autres bleſſés paroiſſoit bien plus dangereuſe, il porta tous ſes ſoins de ce côté-là, & ſe contenta de remettre à Tonton quelques élixirs, au moyen deſquels elle pouvoit la retirer de ce long évanouiſſement. La bleſſure de Léonce, quoique dangéreuſe, ne fût pas jugée mortelle. Il y mit le premier appareil, & le laiſſa dans ſon appartement, dont on ferma la porte à la clef, pour empêcher que qui que ce fût n'y entrât; le Comte & la Comteſſe ne voulant pas qu'on lui parlât, avant qu'il fût hors de danger, ni qu'il eût aucune nouvelle de Sylvie. Ils vouloient d'ailleurs être ſeuls inſtruits par lui-même des circonſtances de cette triſte aventure, & voir, par le récit que Léonce leur en feroit, le parti qu'ils devoient prendre. Des cinq autres, deux étoient mortellement bleſſés, & trois extrêmement maltraités, par la quantité des coups qu'ils avoient reçus, dont cependant aucun n'étoit dangereux. Le Chirurgien, qui étoit habile, aſſura néanmoins qu'il eſperoit les tirer tous d'affaire, pourvu qu'ils n'apportaſſent aucun obſtacle à l'efficacité de ſes ſoins & de ſes remedes. Il revint enſuite à Sylvie qui, à l'aide de Tonton, commençoit à donner quelques signes de vie, & à ouvrir foiblement les yeux. Il lui tâta le pouls, la trouva dans un état beaucoup plus périlleux qu'il n'avoit pensé, & la saigna.

Avant qu'il se retirât, le Comte lui promit une forte récompense, après l'entiere guérison de ses malades, & il l'engagea à en avoir bien soin, & surtout, à tenir le secret. Ce Seigneur & son épouse prirent aussi toutes les précautions possibles, pour empêcher que Sylvie n'apprît que c'étoit Léonce qui avoit tenté de l'enlever. Ils mirent donc auprès de leur fils une vieille garde, de laquelle ils croyoient être sûrs; lui défendirent de découvrir à qui que ce fût, que Léonce étoit vivant, & lui ordonnerent, chaque fois qu'elle sortiroit de son appartement, de fermer soigneusement la porte, & d'en emporter la clef. Ils recommanderent aussi aux cinq jeunes malades de garder à ce sujet un grand silence, parce qu'après une entreprise aussi téméraire & aussi criminelle que la leur, leur vie & celle de son fils dépendoient de leur discrétion.

Cependant Tonton, qui avoit appris d'un des gens de Mr. de la Ferme, le discours que Léonce avoit tenu au Comte, quand, se sentant blessé, il lui avoit dit: *Mon Pere, achevez*, soupçonna une partie de la vérité. Elle étoit encore fortifiée dans ses soupçons, par le soin qu'on prenoit des malades, & surtout d'empêcher que qui que ce fût n'entrât dans leur appartement. Elle auroit bien voulu pouvoir s'assurer de tout, étant persuadée que, si elle y parvenoit, une si heureuse nouvelle contribueroit, plus que toute autre chose, au soulagement de la pauvre Sylvie, sur laquelle tous les remedes ne faisoient aucun effet. Elle tenta plusieurs fois de faire jaser la vieille garde de Léonce; elle voulut même s'introduire dans son appartement; mais inutilement. Elle n'osoit pas faire part à sa chere fille de ses conjectures, de peur de lui causer de plus mortelles douleurs, si elles se trouvoient fausses. De son côté, Léonce plus inquiet de ce qui pouvoit être arrivé à Sylvie, que de ce qui le regardoit personnellement, en demandoit tous les jours des nouvelles à sa garde; mais il n'en pouvoit tirer une seule parole. Cette incertitude aigrissoit son mal, & retardoit l'effet des soins du Chirurgien, qui le visitoit régulierement deux fois par jour.

Le

Le Comte & la Comtesse, à qui il avoit fait le récit de tout ce qui lui étoit arrivé depuis son départ de l'Armée, extrêmement sensibles à ses malheurs, passoient la plus grande partie du tems auprès de lui. Ils lui donnoient les plus vives marques de tendresse, surtout le Comte, qui se sentoit déchiré de la plus amere douleur, quand il réfléchissoit que c'étoit lui-même qui avoit mis un fils si cher aux portes de la mort. Ils évitoient de lui parler de Sylvie, ni de la tentative qu'il avoit faite pour l'enlever : enfin, de peur d'aigrir son mal, ils apportoient dans leurs discours les derniers ménagemens. Léonce demandoit exactement des nouvelles de la santé de ses amis qui s'étoient si généreusement exposés pour lui ; & il recevoit beaucoup de consolation d'apprendre qu'ils se portoient de mieux en mieux. Comme ils n'étoient point tourmentés par le chagrin qui le dévoroit, les médicamens opéroient sur eux avec bien plus de succès que sur lui, de sorte qu'ils furent en état de marcher, bien avant qu'il pût quitter le lit. Quand ils purent sortir, ils remercierent le Comte de la générosité avec laquelle il les avoit fait traiter, quoique l'action à laquelle leur complaisance pour leur fils les avoit portés, les en eût rendus indignes. Ils lui en firent leurs excuses, & le prierent, avant de partir, de leur permettre de voir & d'embrasser leur ami. Le Comte ne crut pas devoir leur refuser cette satisfaction; il les conduisit lui-même. Léonce les reçut avec les marques de la plus tendre amitié & de la plus vive reconnoissance, & leur témoigna combien il étoit satisfait de les voir entierement rétablis. Ces amis firent ce qu'ils purent pour le tranquilliser, & se retirerent.

D'un autre côté, les parens de Mr. de la Ferme firent faire ses funérailles; ils engagerent si fortement les Domestiques au silence, que la cause de sa mort ne transpira jamais, non plus que celle de la maladie des deux qui avoient été blessés, & dont la guérison avançoit de jour en jour. Il n'y avoit donc plus que Sylvie & Léonce qui fussent malades; l'une, par le regret d'avoir perdu son Amant qu'elle croyoit mort depuis plus de trois mois, quoiqu'il fût sous le même toit qu'elle; & l'autre, parce que l'inquiétude qu'il avoit pour l'aimable objet de son amour aigrissoit son sang, & empêchoit la plaie de se fermer. Hélas! s'ils avoient sçu être

près l'un de l'autre, s'ils avoient pu ſe parler un moment, le plaiſir d'une ſi chere entrevue auroit été plus efficace pour leur guériſon, que tous les médicamens du monde. Outre l'inquiétude que Léonce avoit de ne ſçavoir ce qu'étoit devenue ſa chere Sylvie, & la douleur de voir qu'on s'oppoſeroit toujours au deſſein où il étoit de l'épouſer, il étoit tourmenté d'une autre penſée qui lui étoit bien plus cruelle. C'étoit le mariage de Sylvie.
» Quoi! ſe diſoit-il à lui-même, Sylvie qui
» m'a tant juré de n'être qu'à moi, a pu ſe
» réſoudre à épouſer un autre homme! Je
» ſçais bien qu'on lui aura fait violence;
» mais on ne pouvoit la marier ſans ſon
» conſentement. Si elle m'eût aimé autant
» que je l'aime, & qu'elle me l'a dit mille
» fois, y auroit-elle conſenti? Il eſt vrai
» qu'elle a pu être trompée par le bruit de
» ma mort, & qu'elle n'a pris ce parti que
» pour ſe ſouſtraire à la tyrannie du Com-
» te; mais ne lui ai-je pas écrit avant mon
» départ de Turin? N'a t'elle pas dû rece-
» voir ma lettre avant la concluſion de ce
» funeſte mariage; & quand elle auroit
» déja donné ſa parole, apprenant que
» je vivois, & que je venois en poſte me
» rendre auprès d'elle, n'en auroit-elle

» pas dû différer l'exécution jusqu'à mon
» retour. Alors nous aurions pris ensem-
» ble des mesures, pour rompre entiere-
» ment ce triste hymen ; & tant de mal-
» heurs ne seroient pas arrivés. Ah ! Syl-
» vie, chere Sylvie ! que ne puis-je vous
» voir & m'expliquer avec vous ? car si
» vous avez cessez de m'aimer, il est inu-
» tile de travailler à me conserver une
» vie qui me seroit insupportable sans
» votre cœur ; & si vous êtes toujours la
» même à mon égard, cette certitude
» feroit sur moi le plus salutaire effet.

Ces réflexions l'occupoient continuellement, & lui causoient un chagrin noir qui retardoit entierement sa guérison. Il redoubloit tous les jours ses instances auprès de la vieille garde, pour l'engager à lui donner des nouvelles de Sylvie; mais elle étoit toujours impénétrable. Léonce perdant patience : Vous me donnez la mort, s'écria-t-il, par vos continuels refus: c'est en vain que vous vous empressez à apporter du soulagement à mon mal, tandis que vous m'assassinez par un silence si cruel. Je veux absolument me tirer d'une si affreuse incertitude à quelque prix que ce soit; ainsi, si vous vous obstinez à vous taire, je vais m'efforcer pour me lever, & aller moi-même m'informer de ce je desire apprendre avec tant de passion. Il fit tous ses efforts ensuite, pour sortir de son lit. La vieille, allarmée de son dessein, lui dit que le Comte lui avoit expressément défendu de rien dire à ce sujet, parce qu'il avoit de fortes raisons de lui ordonner le silence, & qu'elle craignoit, en lui désobéissant, de s'attirer son indignation. Léonce la rassura le mieux qu'il put, & lui promit que le Comte n'en sçauroit jamais rien : puis, la voyant ébranlée, il acheva de la déterminer par un présent assez considérable. » Eh! bien, dit-elle, je vais vous satisfaire. Sylvie est ici : & depuis votre accident, elle n'a cessé de garder le lit. Les Médecins ne connoissent rien à sa maladie ; je crois qu'elle ne provient d'autre cause que de la douleur qu'elle ressent de votre mort, dont elle n'est point encore désabusée, n'y ayant dans l'Hôtel que peu de personnes avec moi qui soient instruites de la vérité. Ah! s'écria Léonce avec transport, vous sçavez que cette charmante personne n'est malade que du chagrin que lui cause la fausse opinion de ma mort, vous pouvez la guérir en la détrompant, & vous ne le faites pas ! Vous l'expoſez à mourir par votre ſilence ! Peut-on pouſſer juſqu'à ce point l'inhumanité ? Si vous refuſez de lui donner cette ſatisfaction, j'irai moi-même la trouver, quelqu'accident qui puiſſe m'en arriver. Il n'eſt pas beſoin, répondit la vieille, que vous vous expoſiez à ce danger ; puiſque j'ai tant fait que de rompre le ſilence qui m'a été ordonné, je n'en demeurerai pas là, &, comptant ſur votre diſcrétion, ce ſoir, quand tout le monde ſera retiré & endormi, j'introduirai Tonton dans votre chambre, afin que, certaine par elle-même que vous vivez, elle puiſſe le perſuader à ſa Maitreſſe. Léonce la remercia avec l'effuſion de cœur d'un homme qui vient d'être obligé eſſentiellement, & lui promit de la récompenſer dans la ſuite plus généreuſement d'un ſi grand ſervice. Il ſe trouva même beaucoup mieux ; car ſa foibleſſe provenoit beaucoup moins de ſa bleſſure, que de l'agitation & du trouble de ſon ame. Quand le calme y fut remis, il fut ſoulagé de la moitié de ſon mal. Il ſe trouvoit délivré, par le diſcours de la garde, de bien des inquiétudes inſupportables à un Amant auſſi paſſionné qu'il l'étoit. Sylvie, qu'il craignoit qu'on n'eût enfermée ſecrettement dans un Couvent, ſans que perſonne pût découvrir où on l'auroit conduite, ſe trouvoit près de lui ſous le même toit. Sylvie, qu'il ſoupçonnoit d'avoir ceſſé de l'aimer, mouroit du chagrin que le faux bruit de ſa mort lui cauſoit. Quoi de plus conſolant? Il lui reſtoit encore une incertitude; c'étoit que cette aimable perſonne avoit dû apprendre par la lettre qu'il lui avoit écrite de Turin, qu'il vivoit, & qu'elle n'auroit pas dû conclure, après cette nouvelle, ce fatal hymen. Mais s'étant ſouvenu qu'il avoit oublié de prendre la précaution de payer le port de ſa lettre juſqu'à la ſortie des Etats du Roi de Sardaigne, il connut qu'elle n'avoit pu la recevoir, & tous ſes doutes ſe diſſiperent. Cette réflexion lui ayant rendu une parfaite tranquillité, la fiévre le quitta, & le Chirurgien l'étant venu voir le ſoir, le trouva ſi favorablement changé, qu'il fut ſur l'heure en avertir le Comte & la Comteſſe, qui ſe rendirent ſur le champ à la chambre de leur fils. La joye qu'une ſi heureuſe nouvelle cauſoit, étoit une marque bien certaine de la tendreſſe qu'ils avoient pour lui. Léonce, remarquant le contentement qu'ils témoignoient de le voir dans une ſituation plus tranquille, en fut touché. Il les en remercia, & leur dit qu'il étoit bien mortifié de toutes les inquiétudes qu'il leur avoit cauſées; mais que, s'ils vouloient n'écouter que leur tendreſſe, ils conviendroient que tant de malheurs ne provenoient que de la trop grande ſévérité avec laquelle ils s'étoient juſqu'à préſent oppoſés à une inclination qui n'avoit rien que d'honnête, d'innocent & de raiſonnable. Le Comte, qui, avec les plus belles qualités, avoit le défaut ordinaire à tous les gens de condition, de ne vouloir point ſouffrir d'alliance au deſſous de leur rang, changea la converſation pour n'être pas obligé de faire à ſon fils une réponſe qui auroit pu l'affliger. Il ſe contenta de l'aſſurer qu'il n'avoit jamais ceſſé, & qu'il ne ceſſeroit jamais d'avoir pour lui les plus tendres ſentimens, & qu'il eſpéroit qu'il s'en rendroit toujours digne. La Comteſſe l'engagea de ſon côté à ſeconder les ſoins qu'on ſe donnoit pour ſon rétabliſſement.

Quand ils furent retirés, Léonce fit ſouvenir ſa garde de la promeſſe qu'elle lui avoit faite. Elle lui dit qu'elle avoit déja averti Tonton de ſe rendre à minuit dans ſa chambre. Ce tendre Amant attendit ce moment avec preſqu'autant d'impatience, que s'il eût dû, à cette heure, être pour toujours uni à Sylvie, tant il deſiroit ardemment contribuer au rétabliſſement de la ſanté d'une perſonne qui lui étoit ſi chere. Tonton, de ſon côté, qui avoit un empreſſement extrême de s'éclaircir de ce dont elle ſe doutoit, à cauſe de l'avantage qui en devoit réſulter à ſa chere fille, ne manqua pas de ſe trouver à l'heure marquée à l'appartement de Léonce.

Cette bonne perſonne, qui prenoit beaucoup de part aux malheurs de ces deux Amans, fut charmée de le voir, l'aſſura que Sylvie n'avoit jamais ceſſé de l'aimer, & que, ſans les efforts qu'elle avoit faits pour la conſoler, le bruit de ſa mort l'auroit infailliblement conduite au tombeau. Pour ce qui eſt, ajouta-t-elle, de ſon mariage avec Monſieur de la Ferme, c'eſt moi qui le lui ai conſeillé, voyant que la pauvre Sylvie étoit continuellement expoſée aux reproches que le Comte & la Comteſſe lui faiſoient d'être la cauſe de votre mort, & qu'ils lui ordonnoient impérieuſement d'opter entre cet époux & le Cloître; je lui ai fait envisager tout ce qu'elle auroit à souffrir dans un Couvent, si elle y entroit sans vocation, & je l'ai déterminée à épouser Monsieur de la Ferme, qui, depuis plus de six mois, marquoit pour elle tant d'amour, & qui, pour ses grandes richesses, pouvoit lui faire un sort très-heureux; mais si elle fut obligée, faute d'autres ressources, de prendre ce parti, la tristesse qui paroissoit en elle pendant cette fatale cérémonie, prouvoit bien la violence qu'elle souffroit, en faisant une démarche si contraire à son inclination.

Léonce ressentit une joye inexprimable, en apprenant la confirmation de la constance & de la fidélité de sa chere Sylvie; il chargea Tonton de l'assurer que non-seulement il l'avoit toujours aimée avec la plus forte passion, mais qu'il n'avoit jamais cessé un seul moment de penser à elle; que ce cher & continuel souvenir l'avoit aidé à supporter la misere affreuse dans laquelle il avoit été réduit pendant son absence, dont il se réservoit de lui faire le récit à elle-même, quand il pourroit avoir le plaisir de la voir; que si sa blessure lui permettoit de l'aller trouver, il y voleroit avec le plus grand empressement; qu'il alloit apporter tous ses soins à sa guérison, afin de se procurer plus promptement une si précieuse entrevue, & qu'en attendant, il la conjuroit, par leur amour mutuel, de ne rien négliger pour la conservation d'une vie à laquelle la sienne étoit si étroitement attachée, qu'il ne pourroit lui survivre.

Leur conversation auroit duré plus long-tems, si la garde, craignant qu'un plus long entretien ne fût nuisible à Léonce, n'eût prié Tonton de se retirer, pour lui laisser prendre du repos. Elle ne se fit pas presser, & sortit pour aller apprendre ces heureuses nouvelles à sa chere fille. Peu à près son départ, Léonce, qui n'avoit point encore goûté les douceurs du sommeil depuis qu'il avoit été blessé, s'y livra. La vue & le discours de Tonton lui avoient procuré une tranquillité si parfaite, qu'il dormit du plus profond sommeil jusqu'au lendemain bien avant dans la matinée.

Tonton, en rentrant dans l'appartement de Sylvie, marchoit le plus doucement qu'elle pouvoit, pour ne la point éveiller; mais cette belle fille, qui depuis long-tems n'avoit pas fermé les yeux, lui dit: Eh! d'où venez-vous donc, ma chere Tonton? Depuis plus de deux heures vous m'avez laissée seule. Et remarquant un air de gaieté extraordinaire sur son visage: Ah! ma chere maman, s'écria-t-elle, que vous êtes heureuse de ressentir un mouvement aussi agréable que l'est celui de la joye! Hélas! il n'y a que moi pour qui elle ne soit pas faite! Non, jamais je n'en goûterai, puisque mon cher Léonce n'est plus! Tous mes plaisirs sont ensévelis avec lui, & si je suis capable de recevoir quelque consolation, c'est de le suivre bientôt. Oui, cher Amant, ajoûta-t-elle, en poussant un profond soupir, dans peu de tems je te serai réunie pour toujours. Tonton ne put s'empêcher de sourire à l'exclamation de Sylvie. Que vous êtes cruelle, reprit languissamment cette belle affligée! que vous êtes cruelle, ma chere maman, d'insulter à ma douleur! je n'ai que vous au monde à qui je puisse ouvrir mon cœur, & dans le sein de laquelle je puisse épancher mes cuisans ennuis. Hélas! n'avez-vous donc plus de tendresse & de sensibilité pour moi? Voulez-vous mettre le comble à mes maux, en vous joignant à mes perſécuteurs, & en condamnant une douleur auſſi juſte que l'eſt la mienne ? Non, ma chere fille, répondit Tonton en l'embraſſant ; non : au contraire, & ſi vous me voyez ſi contente, c'eſt que j'ai les meilleures nouvelles du monde à vous annoncer. Ah ! chere Tonton, dit Sylvie, eſt-il de bonnes nouvelles pour moi depuis que j'ai perdu la ſeule choſe au monde qui pouvoit m'intéreſſer ? Et ſi je venois, répartit Tonton, vous apprendre que cette perſonne qui vous eſt ſi chere, & que vous pleurez tant, n'eſt point morte, blâmeriez-vous la gaieté qui paroît en moi ? Ah ! ma chere maman, interrompit vivement Sylvie, que me dites-vous ? O Ciel ! Léonce ſeroit vivant ? Cela ſe pourroit-il ?.... Mais, non ; vous me trompez, chere Tonton ; vous voulez ſans doute, par cette agréable & fauſſe nouvelle, calmer un peu ma douleur. Oui, il n'eſt que trop vrai qu'il eſt mort ; car s'il reſpiroit encore, j'en ſerois informée ; il m'auroit sûrement écrit pour me tirer de l'affreuſe ſituation où il ne peut douter qu'un ſi long ſilence ne m'ait plongée. Ceſſez, chere Sylvie, dit Tonton, ceſſez de vous affliger : Léonce vit, & ce qu'il y a de plus consolant, il ne vit que pour vous; il vous aime toujours avec la même passion; c'est lui qui tenta de vous enlever chez Monsieur de la Ferme; il est depuis ce tems ici, retenu au lit par la blessure qu'il reçut en cette nuit fatale; je viens de le voir & de lui parler. Je suis chargée de vous renouveller de sa part les plus tendres protestations d'amour & de fidélité, & de vous prier, avec les plus vives instances, d'avoir soin de sa vie, en conservant la vôtre. Vous le verriez vous jurer à présent une constance éternelle, si son épuisement lui eût permis de m'accompagner.

Qu'on rapproche tant de circonstances, & on se formera une idée de la joye dont la tendre Sylvie fut transportée, d'abord qu'elle fut sûre que Tonton ne lui disoit rien qui ne fût vrai. S'il y a des situations de cœur, des sentimens de l'ame qui soient au-dessus de l'expression, ce sont certainement ceux qu'éprouva cette aimable Demoiselle. Une nouvelle si consolante & si inesperée la fit passer si rapidement de la plus profonde douleur à la joye la plus excessive, que, n'en pouvant soutenir la vivacité, elle resta un moment sans pouvoir proférer une ſeule parole, ni faire le moindre mouvement, comme une perſonne extaſiée; mais cet état ne reſſembloit que par les dehors, à celui où on ſe trouve quand un objet de terreur, de crainte ou d'horreur, ſuſpend l'action des ſens : c'étoit un ſentiment délicieux & une voluptueuſe ivreſſe, dont le raviſſement tranſportoit, pour ainſi dire, l'ame & le corps hors d'eux-mêmes.

Sylvie, un peu revenue de ce premier & doux tranſport, embraſſa tendrement Tonton. Ah! s'écria-t-elle, ma chere maman, vous me rendez la vie; puiſque Léonce vit & qu'il m'aime, je ceſſe d'être malheureuſe; un bonheur ſi inattendu me fait eſpérer qu'un jour le Ciel, fléchi par l'innocence de nos vœux, les couronnera par un nœud ſacré & indiſſoluble. Enſuite, cette charmante perſonne lui fit cent queſtions l'une ſur l'autre, ſur tout ce qui avoit rapport à ſon Amant; mais Tonton lui dit qu'il vouloit avoir lui-même le plaiſir de ſatisfaire ſa curioſité. Afin, continua-t-elle, de vous procurer plus promptement la conſolation de le voir, prenez du repos, & ne vous oppoſez pas au rétabliſſement de votre ſanté. Je vais vous laiſſer, ma cherè fille, afin que vous puissiez réparer un peu par le sommeil, vos forces abattues. Elle l'embrassa & se coucha pour prendre le repos dont elle avoit elle-même besoin. Sylvie, remplie des idées les plus flatteuses, s'endormit & ne se réveilla que très-tard. Le lendemain elle se trouva beaucoup mieux, &, au bout de quelques jours, elle fut assez forte pour commencer à se lever.

Léonce de son côté, depuis la premiere visite de Tonton, se rétablissoit à vue d'œil. Il auroit bien voulu pouvoir quitter le lit; mais le Chirurgien le lui défendoit expressément, s'il vouloit guérir. Tous les soirs Tonton le venoit voir, & lui apportoit des lettres de Sylvie, ausquelles il répondoit. Ce tendre commerce suppléoit à la nécessité où ils étoient l'un & l'autre, de se priver de se voir. Mais Sylvie, étant la premiere assez rétablie pour se traîner à l'appartement de son Amant, y alla la nuit, appuyée sur Tonton. Quoique cette démarche ne soit pas trop réguliere, la longueur de l'absence, la familiarité dans laquelle ils avoient été élevés, l'état de Léonce, la présence de Tonton & de la garde, & surtout la violence de leur amour mutuel, semblent un peu l'excuser. Quoi qu'il en soit, comme ce n'est point un Roman que j'écris, mais une Histoire, je ne dois point rapporter les choses telles qu'elles devroient être, mais telles qu'elles ont réellement été.

Dès que Léonce apperçut sa chere Sylvie, l'excès de sa joie lui fit faire effort pour sortir de son lit, & l'aller embrasser. Cette tendre Amante, remarquant son dessein, le prévint. Ils se tinrent étroitement embrassés sans parler, tant le plaisir de se revoir les transportoit. Après cette premiere effusion d'ames, ils se dirent mille choses plus tendres & plus touchantes les unes que les autres. Ensuite Sylvie lui ayant témoigné desirer sçavoir ce qu'il étoit devenu pendant un si longtems, & ce qui avoit pu l'empêcher de lui donner de ses nouvelles, Léonce lui raconta tout ce qui lui étoit arrivé depuis son départ; le service qu'il avoit rendu à cette famille qu'il avoit sauvée de la fureur des Dragons; le coup de feu qu'il avoit recu; le bonheur qu'il avoit eu de tomber chez ces mêmes personnes qu'il avoit obligées; les soins & les attentions qu'elles avoient eus pour lui pendant sa maladie qui avoit duré deux mois; le motif qui l'avoit engagé à ne lui pas parler de cette blessure dans ses lettres ; l'ordre de son Général de revenir à Paris, dont il avoit cru ne devoir pas l'avertir, pour la surprendre plus agréablement par son retour imprévu ; la rencontre qu'il avoit faite, dans les montagnes du Piémont, des bandits qui l'avoient volé & dépouillé, lui & son valet de chambre; le malheur qu'ils avoient eu ensuite d'être arrêtés & pris pour des espions, par un détachement des troupes du Roi de Sardaigne, & d'être jettés, en cette qualité, dans un cul de basse-fosse à Turin ; l'horrible misere qu'ils y avoient soufferte; la maladie dont il y avoit été attaqué, sans pouvoir obtenir le moindre soulagement, quoiqu'elle fût dangéreuse ; & enfin, l'affreuse extrémité dans laquelle il avoit passé six mois de tems, sans voir personne, & sans qu'il lui fût permis d'écrire.

La tendre Sylvie ne put s'empêcher de verser des larmes, au récit des malheurs étonnans dont ce cher Amant avoit été la victime. Mais Léonce la consola, & l'assura qu'il en étoit trop bien récompensé, par les larmes précieuses qu'elle daignoit verser sur ses infortunes, & par.

le plaiſir infini qu'il goûtoit en la voyant. Enſuite il continua ainſi ſon récit.

Il y avoit ſix mois que nous étions dans cet horrible état, & nous commencions à déſeſpérer de trouver jamais jour à nous en délivrer, lorſqu'on vint nous en tirer pour nous interroger dans les formes. Je déclarai qui j'étois, & demandai pour confirmation de ce que j'avançois, qu'on me fît parler au Marquis de.... que j'avois connu à Paris. On commença à avoir un peu plus d'égards pour moi ; & en attendant qu'on l'eût fait avertir, on nous mit dans un endroit de la priſon plus décent & moins incommode ; on nous y fournit même une nourriture un peu meilleure. Le Marquis étoit à la campagne ; de ſorte que ce ne fut que quinze jours après, que j'eus la ſatisfaction de le voir. Il eut mille peines à me remettre, tant l'horreur & la longueur de cette affreuſe ſituation m'avoient défiguré. Mais enfin, m'ayant tout-à-fait reconnu, il m'embraſſa avec toutes les marques de ſenſibilité qu'il put me donner. Je lui fis mes plaintes de l'inhumanité avec laquelle on m'avoit traité ; & de l'irrégularité de la conduite du Juge à mon égard, qui m'avoit laiſſé ſix mois entiers dans un cachot, ſans me faire ſubir d'interrogation, (ce qui étoit contre toutes les formalités de la Juſtice.) Le Marquis, qui eſt en crédit auprès du Roi de Sardaigne, fit venir ce Juge, & lui fit, en ma préſence, une verte réprimande de l'indignité de ſon procédé; il le menaça même de le faire honteuſement dépouiller de ſa charge, & châtier. Enſuite il me mena chez lui, & me fit donner tous les ſoulagemens dont je pouvois avoir beſoin.

Mon valet de chambre n'eut pas plutôt reſpiré le grand air qu'il tomba malade. Les ſecours que le Marquis lui fit donner, ne purent le garantir de la mort, qui l'enleva le quatrieme jour de ſa maladie. J'en fus extrêmement touché. Sa fidélité & ſon tendre attachement pour moi, qui le rendoient en quelque façon inſenſible à ſes propres maux, pour ne s'occuper que des miens, m'avoient ſi bien diſpoſé en ſa faveur, que je le regardois comme un ami, & que je me promettois de l'en récompenſer avantageuſement un jour.

Je reſtai chez le Marquis autant de tems qu'il m'en fallut, pour reprendre un peu de forces; & voulus abſolument partir, malgré tous les efforts qu'il faiſoit, pour me retenir juſqu'à ce que je fuſſe parfaitement rétabli. Le deſir de vous revoir, chere Sylvie, l'emporta ſur ſes inſtances réitérées. Je l'en remerciai dans les termes les plus propres à lui témoigner combien j'étois ſenſible à ſa générosité; & je l'aſſurai que je ne pouvois me diſpenſer de partir. Il m'offrit de l'argent, des habits, & tout ce qui m'étoit néceſſaire. Il vouloit même me donner une chaiſe & pluſieurs de ſes gens, pour m'accompagner; mais je me contentai d'accepter ce dont j'avois beſoin pour revenir à Paris en poſte, & je partis.

J'avois eu la précaution, chere Sylvie, de vous écrire, quelques jours avant mon départ, pour vous prévenir ſur mon arrivée; mais, n'ayant pas penſé à affranchir ma lettre juſqu'à la ſortie des États du Roi de Sardaigne, vous ne l'avez pas reçue. Sans cette fatale inadvertence, tant de fâcheux accidents ne ſeroient pas arrivés.

J'ai fait la route aſſez heureuſement. A mon retour à Paris, en deſcendant de cheval, un Officier de mes amis me ſauta au col, & m'embraſſant d'un air ſurpris: » ah! Cher ami, s'écria-t-il, que je ſuis » charmé de te revoir! Il y a plus de ſix

» mois que tout le monde te croit mort. Puis, ſans ſçavoir la part que je devois prendre à ce qu'il alloit dire : » te voilà » bien venu, ajouta-t-il, pour aſſiſter au » mariage de Sylvie, qui épouſe ce ſoir » Mr. de la Ferme riche Financier. Il y » a apparence que ce mariage n'eſt point » de ſon goût ; car j'ai oui dire à un des » gens du Comte ton pere, qu'elle eſt » d'une triſteſſe inexprimable ». Imaginez-vous, adorable Sylvie, dans quelle conſternation me jetta une nouvelle ſi accablante. Mon ami, qui s'en apperçut, m'en demanda la cauſe. Je lui fis un récit abrégé de nos ſentimens mutuels, & je le priai de me ſecourir dans un beſoin ſi preſſant. Il s'offrit, de la meilleure grace du monde, à me ſervir de ſon bras, de ſon argent, & enfin de tout ce qui dépendroit de lui, & me demanda en quoi il pourroit m'être utile. Mon cher ami, lui dis-je, en l'embraſſant tendrement, je vous remercie de tout mon cœur de l'intérêt que vous voulez bien prendre à mon malheur, & du zèle avec lequel vous vous offrez à me ſecourir. J'accepte vos offres généreuſes. Voici ce que je projette : Perſonne ne ſçait mon retour à Paris ; tout le monde eſt dans l'opinion de ma mort:

je ſuis réſolu de profiter de cette circonſtance pour enlever Sylvie, quand on la conduira à l'Egliſe. Je la menerai dans un Couvent de Province. Il n'y aura qu'elle, qui ſçaura quelle main l'aura enlevée. Je la ferai paſſer pour une Demoiſelle étrangere. Je diſparoîtrai bientôt après : on ne pourra me ſoupçonner d'être l'auteur de cet enlevement ; & je prendrai par la ſuite des meſures pour la ſouſtraire à l'injuſte autorité que mon pere prétend s'arroger ſur elle ; & pour parvenir à nous unir enſemble par l'hymen. Voyez, mon cher, ſi vous pouvez m'aider à exécuter cette entrepriſe. Il faudroit, pour y réuſſir, que nous puiſſions trouver encore quatre jeunes gens braves, ſur le courage & la diſcrétion deſquels je puſſe compter. J'ai beſoin en outre d'argent ; la néceſſité où je ſuis de ne me pas faire connoître, ne me permettant pas d'en trouver par moi-même. Mon ami ſe chargea de tout : je le priai de ſe hâter, parce que le tems preſſoit. Il me le promit, & me quitta, pour exécuter ce que je lui avois propoſé. Quelque diligence qu'il pût faire, il étoit très-tard, quand je le vis revenir avec quatre jeunes Officiers, & tous de ma connoiſſance. Il alla enſuite faire préparer une chaise de poste, des chevaux, & tout ce qui pouvoit faciliter la réussite de mon entreprise. Tous ces préparatifs consumerent beaucoup de tems; de façon que, quand nous nous rendîmes dans la rue par où vous deviez passer pour aller à l'Eglise, & pour en revenir, il y avoit déja dû tems que vous étiez rendue chez Mr. de la Ferme. J'étois au désespoir d'avoir manqué mon coup; mais nous nous déterminâmes à vous enlever de la salle où nous sçavions que vous deviez souper. Nous trouvâmes le Portier de Mr. de la Ferme ivre, & tous les Domestiques de l'Hôtel occupés; de façon que nous entrâmes sans résistance. C'est moi, chere Sylvie, qui fus vous prendre par la main. Vous sçavez le reste de cette sanglante catastrophe.

Après ce récit, la garde les avertit que la nuit avançoit, & qu'il étoit tems de se séparer, de peur qu'on ne les surprît ensemble. Ces fideles Amans se renouvellerent mille marques de tendresse: après quoi, Sylvie se retira. Ils se voyoient ainsi toutes les nuits, & réparoient dans la matinée la perte du sommeil.

Fin de la premiere Partie.

www.ingramcontent.com/pod-product-compliance
Ingram Content Group UK Ltd.
Pitfield, Milton Keynes, MK11 3LW, UK
UKHW021141260726
13994UKWH00001B/240

9 782329 383972